伟业流长

钱伟长服务扶贫和文化遗产保护活动纪事

主　编　段　勇
副主编　王远弟　付　丽

上海大学出版社
·上海·

图书在版编目（CIP）数据

伟业流长：钱伟长服务扶贫和文化遗产保护活动纪事 / 段勇主编 . -- 上海：上海大学出版社，2024.5
ISBN 978-7-5671-4973-1

Ⅰ.①伟… Ⅱ.①段… Ⅲ.①钱伟长 - 生平事迹 Ⅳ.① K826.11

中国国家版本馆 CIP 数据核字（2024）第 095251 号

责任编辑　傅玉芳
技术编辑　金　鑫　钱宇坤
装帧设计　柯国富

伟业流长

钱伟长服务扶贫和文化遗产保护活动纪事

主编　段　勇
副主编　王远弟　付　丽

上海大学出版社出版发行
（上海市上大路 99 号　邮政编码 200444）
（https://www.shupress.cn　发行热线 021-66135112）
出版人　戴骏豪

上海东亚彩印有限公司印刷　各地新华书店经销
开本 889mm×1194mm 1/16　印张 11　字数 220 千字
2024 年 5 月第 1 版　2024 年 5 月第 1 次印刷

ISBN 978-7-5671-4973-1/K·285　　定价：98.00 元

版权所有　侵权必究
如发现本书有印装质量问题请与印刷厂质量科联系
联系电话：021-34536788

心系乌蒙　情牵千里——钱伟长与毕节扶贫记忆展

主　办：中共上海大学图书馆博物馆档案馆委员会
承　办：上海大学图书馆
协　办：上海大学党委宣传部（文明办）、贵州毕节市政策研究室、
　　　　毕节试验区杂志社、毕节日报社
总顾问：段　勇
顾　问：潘守永　王远弟
文　案：付　丽
策　展：吴明明　李　柯
团　队：周　悦　田明娟　倪代川　易　然　阚晨静　张　蕨　程梦琦

钱伟长与文化遗产保护——纪念钱伟长诞辰 110 周年专题展览

主　办：上海大学
指导单位：上海大学党委宣传部
承办单位：上海大学图书馆、上海大学博物馆、上海大学档案馆
支持单位：全国政协办公厅秘书局、民盟中央办公厅、山西省政协办公厅、
　　　　　政协福州市委员会、山西广播电视台、杭州市临安区吴越国王陵管理所、
　　　　　杭州市临安区钱镠研究会、中国中文信息学会、中国茶叶博物馆、
　　　　　山东省青州博物馆、湖北省随州博物馆、福建省泉州市档案馆、
　　　　　云南省腾冲市和顺图书馆、贵州省毕节政策研究室、
　　　　　上海大学上海电影学院
总策划：段　勇
策展人：王远弟　潘守永　卢志国　李明斌
文　案：付　丽
设　计：吴明明
统　筹：郑　维　倪代川　方向明　李　柯　陶　蕾　田明娟　程梦琦　张　蕨
资　助：上海大学教育发展基金会新航星教育基金

序

钱伟长是著名的科学家、教育家和杰出的社会活动家，在科学事业上做出卓越成就，在教育事业上长期探索形成独树一帜的教育理念——钱伟长教育思想，还积极参与各项社会活动，为国家发展奉献自己的心血。钱伟长一心关注国家，他常说的一句话就是：国家的需要就是我的专业。

20 世纪 70 年代末，国家刚刚改革开放之时，钱伟长行走祖国大地，足迹遍及除青海和西藏两省区之外的各省、市和自治区，大力宣传四个现代化。从 1978 年 7 月钱伟长在河南安阳首次作了《关于实现四个现代化问题》的报告起，到 1983 年他在 180 余个城市进行了内容大体相同的 300 余场报告，听讲人数超过 30 万人次。在新疆的部分地区做报告的时候，钱伟长一边用普通话讲，一边由 4 位民族语言翻译轮流分段传译，盛况空前。2007 年，时任中共上海市委书记的习近平看望钱伟长，说起当年他还是河北省的一个县委书记时，就曾聆听过钱伟长的报告，给他留下非常深刻的印象。他亲切地对钱伟长说："您老也是我国要实现四个现代化的倡导者。"（曾文彪著《校长钱伟长》）钱伟长还持续宣传祖国和平统一政策，参加《不列颠百科全书》编辑出版工作。按照钱伟长自己的说法，这是邓小平在 1976 年给他提出的三大任务。

早在新中国成立以后不久，钱伟长就积极投身于社会活动。1950 年 5 月，钱伟长当选为北京市人民代表大会代表。同年12月，他随中央慰问团赴东北慰问抗美援朝志愿军回国伤病员。1951年2月，钱伟长就随时任教育部部长钱俊瑞率队视察东北六个地方的高等教育和厂矿修复工作。同年3月，钱伟长参加了全国青年联合会成立大会，并当选为青联会常务委员兼副秘书长。1958年4月，全国第一次科学大会召开，会上通过了成立全国科学工作者联合会，钱伟长参加大会，并当选为全国科学工作者联合会常务委员兼组织部副部长。这期间，在对外交往中也少不了钱伟长的身影。1951年9月，我国派代表团出访印度和缅甸，丁西林任团长，钱伟长就是出访团成员之一。这是中华人民共和国成立后的第一个大型代表团，国家特别重视。在出发之前，周恩来总理接见了出访代表团。这是钱伟长第一次与周恩来总理的近距离接触。当时代表团受到了印度、缅甸政府和人民极为热情的接待。代表团于9月20日离京，次年1月24日返京，前后足足有4个月之久。这次访问加深了新中国与印度、缅甸的文化交流与合作，并成立了中缅、中印友好协会，钱伟长曾任中缅友好协会会长。

1953年，钱伟长参加了新中国第一部宪法起草的部分工作。1954年，钱伟长当选为全国人民代表大会第一届江苏省人民代表，同年，当选为中国科学院学部委员兼中国科学院学术秘书。1954年秋至1956年春，钱伟长全力参加周恩来总理领导的《1956—1967年科学技术发展远景规划》（简称"十二年科技规划"）制定工作。"十二年科技规划"是新中国建立后由党中央、国务院决策、制定的第一个科技发展规划。规划工作由周恩来总理直接领导，召集了来自全国各行各业的600多位专家、学者，费时近半年，确定了56项任务。当工作规划领导小组向国务院汇报的时候，周恩来总理提出要从这56项任务中找出特别紧迫的需要国务院支持的项目。规划小组又另外组织了一个"紧急措施小组"，这个小组的成员包括钱学森、钱三强、钱伟长等，经过讨论，他们提出了6项内容，即原子弹、导弹、计算机、半导体、自动化技术、无线电电子学，因为前两项作为国防尖端项目，由国家另行安排，因此，就写出了一个"四项紧急措施"的文件，文件中包括需要重点发展的四项任务，即计算机、半导体、自动化技术、无线电电子学。这个文件引起国务院的高度重视。据文献说明，周恩来总理指示，"三钱"的意见是对的，就按这个办理。"三钱"，即钱学森、钱三强、钱伟长的说法由此产生，并逐渐成为家喻户晓的"名称"了。随即决定新建3个研究所和1个研究室，即计算机、自动化、无线电电子学三个研究所和在物理研究所内新建半导体研究室，还从各个大学的应届毕业生中抽调了一批优秀学生进入研究所、室。钱伟长也受命筹建自动化所并任所长。

1952年底，钱伟长当选为中国民主同盟中央委员会常务委员。1983年起，他担任中国民主同盟第五、第六、第七届中央委员会副主席，第八、第九届中央名誉主席；1987年起，钱伟长担任中国人民政治协商会议第六至第九届全国委员会副主席。1985年6月18日，时任民盟中央副主席的钱伟长在六届全国人大常委会第十一次会议上被任命为香港特别行政区基本法起草委员会委员兼文教宗教小组组长，以及区旗区徽评审委员会主席。钱伟长和其他委员们积极奔走，统筹协调，深入调查，广泛征集民意，为基本法的起草倾注了大量的心血。1990年2月，邓小平亲自接见起草委员会委员，赞扬基本法是个伟大的创造，委员们不负包括香港同胞在内的全国人民的委托，终于"写出了一部具有历史意义和国际意义的法律著作"。1988年，七届全国人大第一次会议决定成立澳门基本法起草委员会，钱伟长受聘担任副主任委员。澳门基本法的制定，是中国政府继香港基本法之后，又一以法律形式将"一国两制"方针具体化的成功实践。

钱伟长还积极推进王宽诚教育基金工作。钱伟长来到上海工业大学半年后，王宽诚（香港中华总商会原会长）在邓小平同志的推荐下前来拜访。1985年，王宽诚出资1亿美元成立"王宽诚教育基金会"，专门用于为国家培养人才。关于如何选拔资助的出国留学人员，钱伟长提出了三个建议：一是公平地严格挑选；二是有目的地学，我们国家需要什么就出去学什么；三是考试和挑选流程。人才挑选由海内外著名学者组成的考试委员会负责，钱伟长自己担任首任主任。

钱伟长曾经五次亲赴毕节地区。20世纪80年代，尽管全国各地改革开放事业轰轰烈烈推进，但地处内陆地区深处乌蒙山腹地的贵州省毕节地区的贫困状况还是很严重的。毕节是典型的岩溶山区，大量土地不适宜耕种，也不适宜人居住。由于土地贫瘠，人口众多，曾是名副其实"苦甲天下"的地区。"全国扶贫看贵州，贵州扶贫看毕节"，这句话道出了毕节这个扶贫"硬骨头"的事实。按照钱伟长自己的说法："我第一次到毕节，是在实行规划之前。那时道路是一塌糊涂，路两边没什么树，树都砍光了，整个地区非常贫困，现在我们从鸭池河过来，经过几个县，可以看到路两旁都已经种了很多的树。"实际上，毕节地区1990年GPD为48.44亿元，其中农业增加值占比过半。

1988年，在经过深入调查研究的基础上，时任贵州省委书记胡锦涛亲自倡导并经国务院批准建立了毕节"开发扶贫、生态建设"试验区。由此，开启了这个位于黔西北乌蒙山区地方改变落后的伟大创举。时任全国政协副主席钱伟长也因此与毕节结下了深厚情缘。他连续担任毕节试验区专家顾问组第一、第二、第三届组长和第四届总顾问，曾五次赴毕节考察、指导工作，对试验区的发展规划提出重要建议，"对毕节试验区经济、社会全面协调可持续发展工作做出重要贡献"。到2000年，该地区GDP明显改观，达到124.92亿元，而农业占比降至44.87%。用钱伟长的话就是说：在十年里头，600多万人口，起了那么大的变化，这真了不起。

其间，钱伟长和专家组成员走访田间地头、工矿学校，调查了毕节地区情况以后，在贵州省委领导下制定了毕节试验区规划，该规划由国务院正式批复。最核心问题就是"五子登科"，即对生态、环境、生产、农业和畜牧业各方面的发展规划。推动了"以加速开发扶贫、实现生态良性循环为目的，通过机制转换、制度创新、组织建设，启动商品经济，促进全面发展；利用政策引导和采取特殊措施，以发展经济为重点，寓生态建设于开发扶贫之中，以经济开发支持生态建设，以生态建设促进经济开发，搞好资源综合利用；在有效控制人口增长的基础上，把教育和开发有机结合起来，大力提高人口素质，实现粮食、人口、生态协调发展"的试验区道路的确立。钱伟长还就毕节地区的旅游发展、交通运输、适宜产业以及教育事业等方方面面提出了切实可行的建议，还协助当地引进资金、资源，为当地做了一些实事。2008年9月23日，"开发扶贫、生态建设"毕节试验区20周年座谈会召开，中共毕节地委、毕节地区行署授予钱伟长"毕节地区荣誉市民"称号，并赠予纯金古典城门钥匙一把、金质奖章一枚，以表彰他为毕节试验区经济社会发展所做出的特殊贡献。

为筹备钱伟长与毕节试验区扶贫记忆展览，上海大学钱伟长图书馆李柯和付丽老师在2020年12月份专门抽时间赴贵州毕节，实地寻访钱伟长的扶贫足迹。在与当地工作人员交流中，她们深刻体会了钱伟长当年完成扶贫大事的不易。1999年，八十多岁的钱伟长行走毕节考察实际情况期间不慎摔倒，导致脸部受伤。

本书介绍的另一部分内容是钱伟长在文化遗产保护方面的贡献。青少年时期的钱伟长就深受中华传统文化的影响，父亲钱挚和四叔钱穆都具有深厚的文化底蕴。特别是在钱伟长读高中的时候他父亲就过世了，后来一直在他四叔、国学大师钱穆教育培养下成长。江南文化和"钱氏家训"根植于钱伟长的心里，他也终身受益，钱伟长晚年多次回浙江临安祭祖。从1988年起，钱伟长就参与了苏州、杭州、福州、泉州这四大文化名城的保护工作，他还率领全国政协"历史文化名城保护情况"调查团推进城市文化遗产的保护规划和修复，大批文化古迹得以保存下来。三峡工程启动之后，钱伟长又致力于三峡库区文物调查与保护，现场调查三峡坝区及库区涉及宜昌市内文物点共计228处，指导和规划这里的文化遗产保护。

汉字是中国文化的重要载体。20世纪70年代末80年代初，文字信息化严重冲击中国汉字文化。有的国外专家甚至大力宣扬"汉字无用论"，认为汉字是中国现代化的拦路虎，主张汉字拼音化。钱伟长站出来，奋力疾呼，他认为汉字不是现代化的"障碍"而是大有可为。他还亲自钻研计算机汉字输入法，发明了"汉字宏观字形码"（又称为"钱码"），积极推动汉字的便捷输入。这项发明极大地推动了汉字的信息化发展。他还积极筹备组建了"中文信息学会"，并被推荐担任首届理事长。中文信息学会现已成为中国科学技术协会所属的全国性学术团体，是具有独立社团法人资格的国家一级学会，中国科学技术协会成员，民政部社团评估 4A 级学会。学会第九届理事会秘书长、中国科学院软件研究所研究员孙乐在 2023 年"钱伟长与文化遗产保护"展览期间专程来上海大学出席相关活动，以表达对这位首届理事长的敬意。

在筹备这两个展览的过程中，得到全国各地许许多多单位和个人的支持与帮助。这里特别对资料收集过程中给予支持和帮助的领导和老师等表示感谢：中共贵州省委政研室机关党委黄朝章副书记，贵州省直机关工委综合室袁维学主任，中共贵州省毕节市委政策研究室孙卫义主任、杨晓艳老师，毕节试验区杂志社程红老师，贵州省大方县羊场镇理化中学李强校长和钟华主任，全国政协田晶处长、曹建峰处长，民盟中央档案室吴双丹老师，山西省政协曹亮主任，山西省长治医学院计划财务处杜海利副处长，中国科学院软件研究所孙乐研究员，时任上海大学副校长汪小帆，上海大学戴世强教授，曾任上海大学校长办公室主任曾文彪，上海大学对外联络处陈然处长和其前任许瑞处长。特别感谢校友何志明和上海大学教育发展基金会新航星教育基金。

本书内容重点源自所收集到的两个主题展览，难免会有疏漏或者在表达上出现不准确，诚请读者批评指正。

2024 年恰逢上海大学新合并组建 30 周年，本书此时编辑出版，以表达对钱伟长校长的怀念。

段　勇
2024 年 4 月

目 录

第一部分　心系乌蒙　情牵千里
　　　　——钱伟长与毕节试验区扶贫记忆 / 1

一、高度重视　亲切关怀 / 5

二、大山深处——毕节历史地理环境 / 7
　　1. 革命老区　红色腹地 / 7
　　2. 山高水险　苦甲天下 / 10

三、希望曙光——毕节试验区的建立 / 12
　　1. 改革试验　寻找出路 / 12
　　2. 三大战略　对症下药 / 14
　　3. 智囊团、参谋部——成立专家顾问组 / 15

四、"老马向西行"——钱伟长的五次毕节行 / 18
　　1. 钱伟长五次考察毕节简要 / 19
　　2. 确定规划　战略指导 / 28
　　3. 产业帮扶　建言献策 / 28

4. 交通动脉　规划指导 / 35

5. 心系教育　治愚扶智 / 38

6. 文化遗产　守护传承 / 43

五、涅槃巨变——试验区 30 年发展变化 / 46

1. 实现"两大跨越" / 46

2. 全部实现脱贫 / 59

第二部分　钱伟长与文化遗产保护
——纪念钱伟长诞辰 110 周年 / 61

一、文保之识根植人文修养 / 64

1. 文化熏陶 / 64

2. 文史研究 / 66

二、身体力行致力文保事业 / 70

1. 三峡库区文物调查与保护 / 70

　耄耋之年率队考察 / 71

　关注中堡岛遗存保护 / 73

　支持白鹤梁水下保护方案 / 75

　强调"依法治文物" / 76

2. 历史文化名城保护调查 / 79

　历史文化名城保护制度的确立 / 79

　强调整体保护　建设特色苏州 / 81

　保护杭州古都　挖掘文化内涵 / 82

　提倡"软件"保护　突出泉州特色 / 86

明确福州定位　重视爱国教育 / 90

　　　呼吁设立历史文化名城保护专项资金 / 92

　3. 文物盗窃和走私调研 / 93

　　　高度重视莫高窟壁画被盗事件 / 93

　　　组织开展文物盗窃和走私调研 / 96

　4. 行走在各地的文保足迹 / 98

　　　临安寻根问祖　弘扬钱王文化 / 99

　　　三访武夷胜境　关心开发保护 / 108

　　　走访毕节古迹　强调遗产保护 / 109

　　　考察山西古迹　强调保护利用 / 110

　　　参加文化活动　关心文博事业 / 111

三、保护和弘扬汉字文化 / 121

　1. 批驳"汉字落后论" / 121

　2. 发明"钱码" / 125

　3. 提倡"一国两字" / 131

第三部分　钱伟长系列展览实践探索与研究 / 139

一、钱伟长与长江三峡工程文物保护规划的片段往事 / 141

二、寻伟长足迹——重访钱伟长毕节扶贫路 / 145

三、纪念钱伟长诞辰110周年展览策划与价值挖掘 / 148

四、拳拳赤子心　浓浓爱国情——钱伟长专题展策展及设计实践手记 / 151

第一部分

心系乌蒙　情牵千里
——钱伟长与毕节试验区扶贫记忆

毕节，位于贵州西北部，乌蒙山腹地，西邻云南，北接四川，是一个多民族聚居、历史文化灿烂、资源富集、神奇秀美、三省通衢、红星闪耀的地方。但也由于复杂的地理环境，喀斯特地貌，生态环境脆弱，土地贫瘠，人口众多，曾是名副其实"苦甲天下"的硬骨头。

1985年，时任中共中央政治局委员、中央书记处书记习仲勋同志看到新华社"国内动态"报道当时毕节的贫困面貌后，作了重要批示，要求贵州省拿出举措，改变这种落后面貌。

1988年，在经过深入调查研究的基础上，时任贵州省委书记胡锦涛亲自倡导，并经国务院批准建立了毕节"开发扶贫、生态建设"试验区。由此，开启了黔西北乌蒙山区改变千年闭塞落后面貌的伟大创举。

时任全国政协副主席钱伟长也因此与毕节结下了深厚情缘。钱伟长连续担任毕节试验区专家顾问组第一、第二、第三届组长和第四届总顾问，曾五次赴毕节考察、指导工作，对试验区的发展规划提出重要建议，"对毕节试验区经济、社会全面协调可持续发展工作做出重要贡献"。

毕节试验区历经30多年艰苦不懈、波澜壮阔的改革试验，取得了辉煌成就：经济社会飞速发展，生态建设硕果累累，人口控量提质成效显著，人民生活水平显著提高，乌蒙山区贫困落后的面貌发生了根本性转变，成为贫困地区脱贫攻坚的生动典型。

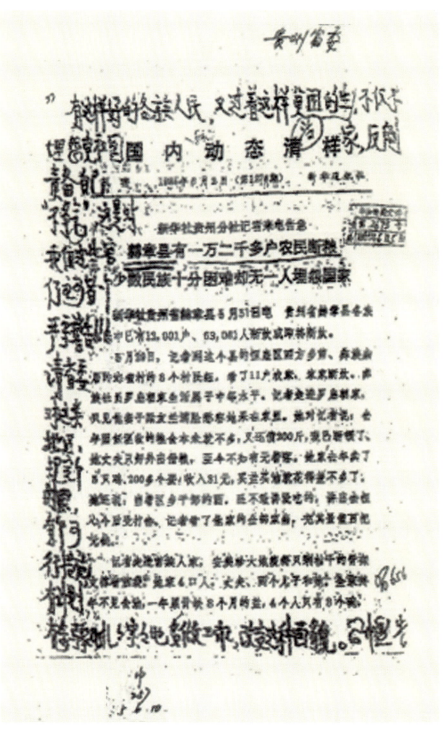

1985年，习仲勋关于毕节地区贫困状况报道的手写批示

"有这样好的各族人民，又过着这样贫困的生活，不仅不埋怨党和国家，反倒责备自己'不争气'，这是对我们这些官僚主义者一个严重警告！！！请省委对这类地区，规定个时限，有个可行措施，有计划、有步骤地扎扎实实地多做工作，改变这种面貌。"

一、高度重视　亲切关怀

20世80年代，贵州毕节是中国最贫困的地区之一，1985年6月4日，时任中央书记处书记习仲勋对该地区的贫困状况作出了特别批示，并要求贵州省想方设法改变这种面貌。

胡锦涛同志到贵州履职省委书记之前专门拜访了习仲勋，习仲勋告诉他："贵州有一个很穷的地方叫毕节。"1985年7月24日，胡锦涛同志到任仅三天就专赴毕节调研。经过三年详细规划和论证后，国务院批准建立毕节试验区。

习近平总书记对毕节试验区工作非常重视，多次作出指示批示。

2014年5月15日，习近平总书记批示毕节试验区"创造了中国共产党领导的多党合作助推贫困地区发展的成功经验"，并要求实验区继续"为贫困地区全面建成小康社会闯出一条新路子，同时也为多党合作改革发展实践中探索新经验"。

2018年7月，在毕节试验区成立30周年之际，习近平总书记对毕节试验区工作作出重要指示指出，30年来，在党中央坚强领导下，在社会各方面大力支持下，广大干部群众艰苦奋斗、顽强拼搏，推动毕节试验区发生了巨大变化，成为贫困地区脱贫攻坚的一个生动典型。在这一过程中，统一战线广泛参与、倾力相助，作出了重要贡献。

习近平总书记强调，要尽锐出战、务求精准，确保毕节试验区按时打赢脱贫攻坚战。

同时，要着眼长远、提前谋划，做好乡村振兴战略的衔接，着力推动绿色发展、人力资源开发、体制机制创新，努力把毕节试验区建设成为贯彻新发展理念的示范区。

习近平对毕节试验区工作作出重要指示（新闻联播，2018年7月19日）

习近平时间报道（2018年7月）

二、大山深处——毕节历史地理环境

1. 革命老区　红色腹地

毕节是一个富有革命传统的红色之地。

1934年1月，林青、缪正元、秦天真等在毕节建立了贵州第一个党的地下组织——毕节党支部，其影响迅速扩大到周边县（区），并向滇东北、安顺、贵阳等地发展。中央红军长征到达贵州，批准成立贵州省工委，毕节党支部书记林青任省工委书记，邓止戈、秦天真为委员。

林青（选自《人文之旅》）

1935年2月5日,毛泽东同志率领的中央红军在云贵川交界的毕节七星关区林口镇"鸡鸣三省"村召开了政治局常委分工会议。这次会议是遵义会议的继续和补充,是党和红军历史上一次承前启后、继往开来的会议,是中国革命发展史上的又一里程碑。

"鸡鸣三省"纪念碑(魏运生摄)(毕节杂志社提供)

1936年2月7日，红二、红六军团在大定（今大方），创建了"中华苏维埃人民共和国川滇黔省革命委员会"。2月17日将其迁至毕节，进驻基督教堂。贺龙、任弼时、萧克、王震等主要领导同志办公、会议、住宿等也在此处。红军长征经过毕节期间，在极为艰难的条件下，开展了一系列的革命活动。

中华苏维埃人民共和国川滇黔省革命委员会旧址外景

中华苏维埃人民共和国川滇黔省革命委员会旧址内院（选自网络）

贵州抗日救国军司令部旧址

2. 山高水险　苦甲天下

毕节地区是典型的喀斯特地貌，乌蒙山区腹地，山高谷深，土地极为贫瘠，被联合国相关组织认定为"不适宜人类生存的地区"。

过去的海雀村（选自《毕节试验区科学发展20年》）

在毕节试验区建立以前，由于长期毁林开荒，导致森林锐减、水土流失、生态环境恶化、自然灾害频发。交通及电力设施十分落后，虽然矿产资源丰富，但是开放利用不足。文化教育十分落后，人口增长较快，贫困人口较多。整个地区已经陷入了"越穷越生、越生越垦、越垦越荒、越荒越穷"的恶性循环。

截至1987年底，毕节地区总人口558.87万人，所辖8个县中，有5个县属于国家级贫困县。

1987年底毕节地区的相关统计数据

全区生产总值	23.44亿元
财政收入	3.02亿元
贫困人口	312.2万人
农民年人均纯收入	184元
粮食产量	103.83万吨
人均占有粮食	192公斤
全区土地垦殖指数	46.2%
森林覆盖率	14.95%
国土面积中水土流失比例	62.28%
全区计划生育率	19.47%
文盲、半文盲人口比例	48%
人均受教育年限	＜4年

三、希望曙光——毕节试验区的建立

1. 改革试验　寻找出路

1985年，毕节的落后局面，引起中央领导的高度重视，提出改变这种落后面貌的要求。

1987年10月，中共中央统战部、国家民委、各民主党派中央、全国工商联在贵阳召开八省区智力支边座谈会，参加会议的领导和专家呼吁，要把大西南岩溶山区的开发治理列入国家科学研究的重要课题。

1987年12月，在深入基层长期调研的基础上，贵州省委、省政府提出了在全省经济落后、极具典型性、代表性的毕节地区建立以"开发扶贫、生态建设、人口控制"为主题的试验区战略构想，用改革的办法，探索全省人口、粮食、生态、经济、社会、资源相互促进、协调发展的现实途径。

1988年6月，国务院批准建立试验区。

毕节试验区是全国唯一的以农村综合改革为突破口、以可持续发展为主题的试验区。

第一部分　心系乌蒙　情牵千里——钱伟长与毕节试验区扶贫记忆　13

中共毕节地委、毕节地区行署报中共贵州省委、省人民政府《关于建立开发扶贫生态建设试验区的报告》（选自《毕节试验区科学发展20年》）

贵州省人民政府报国务院《关于建立毕节地区开发扶贫、生态建设试验区的请示》（选自《毕节试验区科学发展20年》）

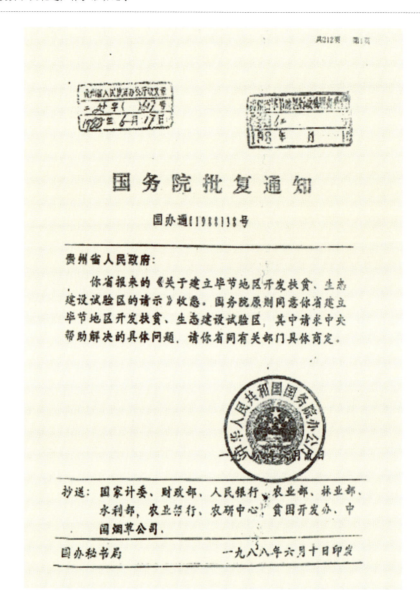

国务院批复贵州省人民政府同意建立毕节地区开发扶贫、生态建设试验区（毕节政策研究室提供）

2. 三大战略　对症下药

毕节试验区确立了"开发扶贫、生态建设、人口控制"三大战略主题，从此开启了中国在最贫困区域"开发扶贫和生态建设互相促进"的改革试验。

开发扶贫是指坚持以市场经济为导向，改革扶贫体制，通过调整结构，优化各种资源配置，整合各类生产要素以开发优势自然资源，变"输血"式的救济式扶贫为"造血"式的开发扶贫，促进人与社会的全面发展。生态建设是指以提高森林覆盖率为核心，变革林业生产关系，把生态建设与经济开发结合起来，以形成生态良好、生产发展、生活富裕的生存环境为目标，促进人与自然的和谐统一。

人口控制是指着力变革人口生产方式，在一定历史时间内，注重以人口数量控制为核心，以人口素质提高为宗旨，以人口结构优化为关键，以人力资源开发为动力，促进人自身的全面发展。

开发扶贫 生态建设

钱伟长
一九九九年元月

1999 年 1 月，钱伟长为毕节试验区题词

3. 智囊团、参谋部——成立专家顾问组

毕节试验区建立后，为帮助指导毕节试验区制定好《毕节地区开发扶贫、生态建设试验区发展规划》，中共中央统战部、中央智力支边协调小组从各民主党派中央、全国工商联选派专家组成毕节试验区专家顾问组，为试验区的工作开展提供智力支持和制度保障。

第一至第四届毕节试验区专家顾问组名单

第一届（1989 年 9 月—1993 年 8 月）

组　长：钱伟长（全国政协副主席、民盟中央副主席）

副组长：杨纪珂（全国人大常委、致公党中央副主席）

　　　　徐采栋（全国人大常委、九三学社中央副主席）

　　　　常近时（全国政协委员、农工中央委员）

成　员：胡　敏　袁子恭　冯克良　王之泰　王明俊　刘孝坤

　　　　关毓秀　吴春江　任华巽　童景山　颜本崧

秘　书：高肖源（农工党员）

第二届（1993年8月—1996年11月）

组　　长：钱伟长（全国政协副主席、民盟中央副主席）

副组长：胡　敏（全国人大常委、民革中央副主席）

　　　　常近时（全国政协委员、农工中央常委）

成　　员：缪鸿祥　张复生　童景山　王　培　任华巽

秘　　书：高肖源（农工党员，1995年10月起，由安永成接任）

第三届（1996年11月—2003年7月）

组　　长：钱伟长（全国政协副主席、民盟中央名誉副主席）

副组长：胡　敏（全国人大常委、民革中央副主席）

　　　　常近时（全国政协委员、农工中央常委）

成　　员：张复生　王　培　刘玉红　杨新人　魏津生

秘　　书：安永成（农工党员）

第四届（2003年7月—2011年7月）

总顾问：钱伟长（原顾问组组长）

组　　长：厉以宁（全国政协常委、民盟中央名誉副主席、北京大学光华管理学院院长）

副组长：朱培康（民革中央副主席）

　　　　胡　敏（原民革中央副主席）

　　　　常近时（负责日常事务，农工党中央常委、中国农业大学教授）

顾　　问：艾国强　沈　和　刘文甲　钱克明　谷树忠　刘　勇　魏津生
　　　　王　旭　杨世林　于长隆　于保平　杨泽霖　林盛中　贾志海
　　　　王苏波

续　　任：杨　新（民革中央委员、北京中山学院院长）

　　　　刘玉红（农工党成员、中国科学院草畜生态专家）

　　　　王　培（九三学社成员、中国农业大学教授、草地专家）

办公室：安永成（负责人，农工党中央处处长）

　　　　夏赶秋（民建中央处处长）

　　　　葛家铎（致公党中央处处长）

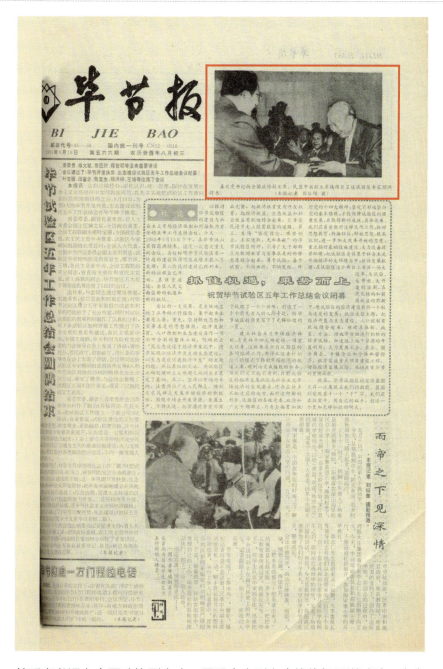

姜延虎书记向全国政协副主席、民盟中央副主席钱伟长呈送试验区专家顾问聘书（1993年9月18日《毕节报》，毕节日报社提供）

毕节试验区专家顾问组是国家层面实施智力支边的重要制度安排，在试验区成立后的30多年来，为毕节试验区经济社会发展作出了重要贡献。专家顾问组始终坚持履行为毕节试验区改革发展"出思路、跑协调、搞联络"的职责，帮助毕节试验区制定和实施规划，为毕节试验区争取相关政策、项目，在农业发展、人力资源、社会治理等方面开展了大量研究，发挥纽带作用，提供智力支撑，聚集社会资源，是毕节取得"三个重大跨越"成就最重要的"智囊团"和"参谋部"。

四、"老马向西行"——钱伟长的五次毕节行

钱伟长在任全国政协副主席、民盟中央副主席时积极参政议政,对全国的经济发展倍加关注。

1988年,费孝通说:"人家是孔雀东南飞,我们要老马西北行。"钱伟长对此十分认同,并身体力行,重点开展了黄河三角洲和云贵地区的研究。

毕节试验区的创建,得到中共中央统战部、国家民委、各民主党派中央、全国工商联智力支边小组的支持。

1989年9月20日,成立了北京专家顾问组,钱伟长受邀担任组长。

自1988年起,钱伟长曾五次考察毕节,为毕节的发展建言献策,指明方向和道路。

1. 钱伟长五次考察毕节简要

考察时间	主要内容
1988年10月	帮助规划设计毕节"开发扶贫、生态建设"试验区的蓝图，促成可持续发展道路的确立
1988年12月	
1993年9月	考察试验区发展情况，提出大力发展乡镇企业，为乡镇企业上规模、上档次和提高集约经营献计献策；考察民盟的扶贫联系点何官屯镇；关心教育问题
1997年5月	进行为期一周的考察，听取了地委、行署领导关于毕节试验区九年的工作汇报，实地考察了地区化肥厂、地区毛纺厂、毕节市制革厂和织金县以那镇松树坪养牛专业村，指明试验区要坚定不移地走可持续发展道路、同时要积极培育和发展多元化的支柱产业；向毕节地区图书馆捐书捐款，资助在大方县羊场镇新建毕节试验区实验学校
1999年5月	出席毕节试验区十年总结暨研讨会，考察国家重点文物保护单位——毕节大屯彝族土司庄园，并要求文化、文史部门认真加以保护

1988年，钱伟长在毕节作关于沙州乡镇企业兴起的报告（选自毕节试验区试验丛书《改革·试验·发展》）

1993年9月,钱伟长出席毕节试验区五周年工作总结会(毕节政策研究室提供)

1993年9月,钱伟长在毕节试验区五周年工作总结会上讲话(毕节政策研究室提供)

《毕节试验区五年工作总结会隆重召开》（1993年9月15日《毕节报》，毕节日报社提供）

1993年9月11日,钱伟长来到毕节县何官屯镇民盟中央智力支边联系点,了解帮教扶贫工作进展情况(1993年9月18日《毕节报》,毕节日报社提供)

《情真意切话试验——在毕节试验区五年工作总结会上的部分发言节录》（1993年9月25日《毕节报》，毕节日报社提供）

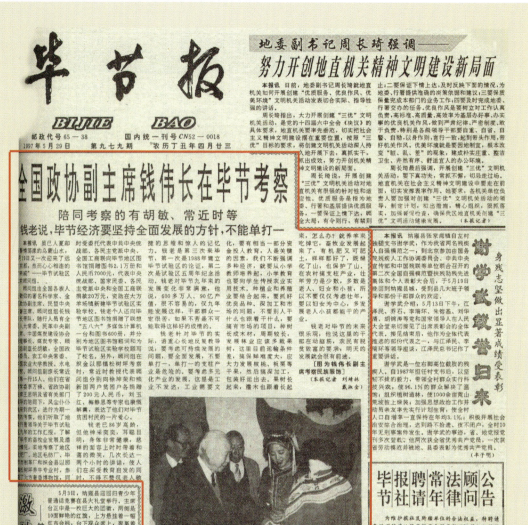

《全国政协副主席钱伟长在毕节考察》（1997年5月29日《毕节报》，毕节日报社提供）

《全国政协副主席钱伟长毕节考察剪影》（1997年5月31日《毕节报》，毕节日报社提供）

1997年5月，毕节开发扶贫生态建设试验区工作会议召开（毕节政策研究室提供）

1997年5月，钱伟长（右四）、胡敏（右二）、常近时（左一）参加毕节开发扶贫生态建设试验区工作会议。（毕节政策研究室提供）

1999年5月17日，毕节开发扶贫生态建设试验区十年总结暨研讨会召开（毕节政策研究室提供）

1999年5月17，钱伟长在毕节开发扶贫生态建设试验区十年总结暨研讨会上讲话（毕节政策研究室提供）

2. 确定规划　战略指导

　　试验区建立后，在中共中央统战部的统筹协调下，钱伟长带领由各民主党派中央、全国工商联等组建的专家组，深入基层和农村，对毕节地委、行署草拟的《毕节试验区发展规划》提出了详细的修改意见，推动了"以加速开发扶贫、实现生态良性循环为目的，通过机制转换、制度创新、组织建设，启动商品经济，促进全面发展；利用政策引导和采取特殊措施，以发展经济为重点，寓生态建设于开发扶贫之中，以经济开发支持生态建设，以生态建设促进经济开发，搞好资源综合利用；在有效控制人口增长的基础上，把教育和开发有机结合起来，大力提高人口素质，实现粮食、人口、生态协调发展"的试验区道路的确立。

3. 产业帮扶　建言献策

　　1993年，钱伟长提出大力发展乡镇企业，并指出乡镇企业不是乡办企业，为试验区乡镇企业上规模、上档次，提高集约经营指明了方向。

　　1997年，钱伟长考察毕节时指出，初期，以"两烟"产业为主导，加速资本积累，确保社会稳定。逐步推动产业结构调整，积极培育和发展后续支柱产业，促进多元化产业发展。

　　1997年5月19日，顾问组组长钱伟长带队，一行15人，进行了为期一周的考察。他们听取了地委、行署领导关于毕节试验区九年的工作汇报，了解了毕节的畜牧业发展及潜力等情况，实地考察了地区化肥厂、地区毛纺厂、毕节市制革厂和织金县以那镇松树坪养牛专业村。

　　考察中钱伟长指出："试验区根据实际情况，要大力发展畜牧业和林果业，使畜牧业和畜产品加工业成为后续支柱产业。"

　　钱伟长针对毕节的实际，语重心长地反复教导说：要考虑可持续发展的问题，要全面发展，不要单打一。单打一的支柱产业是危险的，要考虑多元化产业的发展。种植业和养殖业要结合起来，要抓好优良品种、深加工和市场的问题，不要别人干什么也跟着干什么，要搞有市场的项目。

1999年5月18—19日，86岁的钱伟长出席毕节开发扶贫生态建设试验区十年总结暨研讨会并发表重要讲话。在此前，以钱伟长为代表的专家顾问组，对毕节地区重大项目的上马、重要行业的发展、支柱产业的培育做了大量具体的工作。钱伟长曾就贵毕公路、洪家渡电站、毕节化肥厂"6改12"等项目，亲自给国家和有关部委领导人写信反映情况、提出建议，对促成这些项目的立项和修建发挥了重要作用。

中国人民政治协商会议全国委员会委员信笺

齐景发副部长：您好！

现有一件涉及贵州省毕节地区畜牧业发展的重要事宜向您函告，烦请予以关照。

贵州省毕节地区位于黔西北，属老、少、边、山、穷地区。1988年，胡锦涛同志任贵州省委书记时，将该区做为贵州省"毕节开发扶贫生态建设试验区"，报请国务院批准实施。这是全国唯一的岩溶山区的试验区，至今已有九年余。从该试验区成立起至今，一直受到中央统战部、国家民委、各民主党派中央和全国工商联的重点支援。我应聘为该试验区的专家顾问组组长，长期关注和支持该地区的经济和社会发展。

九年来，毕节地区由于有了一个相当成熟、有效的发展思路，有一批艰苦奋斗、品格优秀的领导干部和适宜的发展项目，在中央、省委的正确领导下，它一直是贵州省发展最快的地区，其面貌发生了巨大变化。但仍存在许多急待解决的困难问题。其中产业结构必须逐步调整，以改变"两烟"这一夕阳产业在总产值与财政收入中比重过大的局面，以防止一旦"两烟"产业萎缩，就会发生经济持续发展乏力的困难。因此，必须从现在起就应当考虑建立新的后续支柱产业的问题。

今年五月间，我带领全体顾问组成员亲临贵州省毕节地区现场进行工作考察，经过与省、地、县三级领导干部的认真商讨，一致认为：毕节地区有大力发展畜牧业，特别是草食畜牧业及其畜产品加工业的基础条件；把畜牧业做为后续支柱产业之一加以大力培植的方针符合实际，是正确的；大力发展秸秆养畜过腹还田将会为本地区农业经济发展和生态环境改善发挥重大作用。

令我十分关注的是，实现"八七扶贫攻坚计划"的时限已近，但至今毕节地区仍有160万人口尚未解决温饱。发展本地区秸秆养畜，可以联接千家万户，既富县，又富民，为改变地区的贫困面貌发挥举足轻重作用。

现毕节地区提出一份"毕节地区国家级秸秆养畜示范区建议

中国人民政治协商会议全国委员会委员信笺

（见附件），已经贵州省审批呈报农业部。我们顾问组认为，该"建议书"的想法是正确和合理的，希望得到农业部的批准。

同时我已获悉，目前农业部已建立了13个示范区，计划尚有7个待建的示范区名额，由于种种原因近期拟暂停新批示范区工作。但考虑到毕节的特殊情况及畜牧业原有的发展水平，其肉产量在全省名列第二；秸秆氨化养畜已有一定规模以及前述的种种背景情况，相信在农业部破例批准毕节地区为国家级秸秆养畜示范区后，该区会在原有的基础上，在毕节、大方、赫章、威宁、织金、金沙等县迅速推开，为西南落后的岩溶区发展秸秆养畜树立榜样。这是一件利国利民的大好事，希望得到您的理解和支持！顺致

衷心的谢意！

钱伟长
一九九七年六月五日

附：建立"毕节地区国家级秸秆养畜示范区"建议书

1997年6月5日，钱伟长给农业部齐景发副部长的信（毕节政策研究室提供）

张副部长，您好！

现有一件涉及贵州省毕节地区畜牧业发展的重要事宜向您面告，颇请予以关注。

贵州省毕节地区位于黔西北，属老、少、边、山、穷地区。1988年，胡锦涛同志任贵州省委书记时，将该地做为贵州省"毕节开发扶贫生态建设试验区"，报请国务院批准实施。这是唯一的(全国)岩溶山区的试验区，至今已有九年余。从该试验区成立起，便受到中共统战部、国家民委、各民主党派中央和全国工商联的全力支持；我曾应聘为该试验区的专家顾问组组长，长期关注和支持该地区的经济和社会发展。

九年来，毕节地区由于有了一个相当成熟、有效的领导思路，培养了一批艰苦奋斗、品格优秀的领导干部和选择正确的发展项目，在中央、省的正确领导下，它一直是贵州省发展最快的地区，其间也发生了巨大变化。但仍存在许多亟待解决的困难问题。其中产业结构必须逐步调整，以改变"两欠边区"产业在总产值与财政收入中比重过大的局面；以防止一旦"两烟"产生

滑坡，发生难以维持继续发展势力的困难。同此，必须从现在起抓紧考虑建立新的后续支柱产业的问题。

今年五月间，我率领全体顾问组成员亲临贵州省毕节地区现场进行工作考察。在与省、地、县三级领导干部的认真商讨，一致认为，毕节地区有有大力发展畜牧业，特别是草食畜牧业及其畜产品加工业的基础条件；把畜牧业做为后续支柱产业之一，加以大力发展的方针符合实际，是正确的；特别是大力发展秸秆养畜过腹还田将对全毕节地区农业经济发展和改善生态环境发挥重大作用。

值得一提的是，至今毕节地区仍有160万人口尚未解决温饱，实现"八七扶贫攻坚计划"的期限已近。发展本地区秸秆养畜，可以解挂千家万户，扶贫致富，又能为毕节地区的贫困面缓解做出重要贡献。

现毕节地区提出一份"毕节地区国家级秸秆养畜示范区建设书"（见附件），已经贵州省审批，呈报农业部。我们顾问组认为，该建议书的想

法是正确和合理的，希望得到农业部的批准。

同时，我已获悉，目前农业部已建立了13个示范区，计划尚有7个待建的示范区名额；由于种种原因，近期拟暂停对新批示范区工作。但考虑到毕节的特殊情况及畜牧业原有的发展水平，其肉产量在全省名列第二；秸秆氨化养畜已有了一定规模以及前述的种种背景情况，相信农业部能如期批准毕节地区为国家级秸秆养畜示范区后，该区会在原有的基础上，在毕节、大方、赫章、威宁、纳雍、金沙等全区迅速推开，为西南落后的岩溶区发展秸秆养畜树立榜样。这是一件利国利民的大好事，希望得到您的理解和支持！临颂

衷心的谢意！

毕节地区开发扶贫生态建设试验区专家顾问组
组长　钱伟长（署）

附：建立"毕节地区国家级秸秆养畜示范区"建议书

1997年6月，钱伟长给农业部张副部长的信（手稿）（毕节政策研究室提供）

1997年7月7日，中央统战部部长王兆国同志，副部长郑万通、李德珠同志会见了全国政协副主席、毕节试验区顾问组组长钱伟长率副组长胡敏、常近时及顾问组全体成员，并合影留念。五局局长林克平、王永乐、处长金学锋等同志参加座谈。中央智力支边扶贫协调小组组长郑万通同志主持座谈会，并作了总结讲话。现根据记录把讲话整理如下：

一、这次钱老率顾问组一行到贵州省毕节试验区进行工作考察，收获是非常大的，对贵州省、对中央统战部的触动很大。与贵州省领导恢复并建立了新的联系，留下了一笔无形资产。干了好几件实事，引起了非常大的反映，对中央智力支边扶贫协调小组，是很大的激励，推动。对我们是很大的教育。成果已基本上反映出来了。这是钱老付出的辛劳和心血，是两位副组长付出的辛劳和心血，是顾问组全体成员付出的辛劳和心血。我代表中央统战部向诸位表示由衷的敬意和感谢。

二、对这次考察活动应当作比较充分的宣传，并要向中央反映。建议搞一个简报，在顾问组写的情况简报的基础上，由中央统战部来负责组织一个高质量的通报，上报中央政治局、报中央政治局常委，还要报国务院扶贫办，国家计委等有关部门。要对顾问组的观点和思路进行充分的反映。这个通报由金学锋处长负责组织。要反映这次考察的成果。

在统战部我除分管支边扶贫工作外，还分管研究室、宣传办。要请宣传办的同志对这次活动进行报导，要请新华社、人民日报、人民政协报给予报导。这项工作请永乐同志联系一下。这次考察事例很生动、也很具体。中央内部及公开的报刊都要发表。在报导时要适当联系三任顾问组的工作，要以第三届这次活动为主。

三、这次考察成果是非常大的，顾问组提出的毕节试验区发展的大思路，在贵州省和中央引起了共识。这是很成熟的思路，（胡敏插话叫做毕节模式）要在北京、在贵州省把毕节考察成果深化。要把思路再具体化，要和一些具体的环节衔接。畜牧业后续支柱业就包括许多环节如草场、良种选育，产品深加工和市场等等。走公司加农户的路子、在政府的组织下成立公司有没有可能性问题，起动基金，农民的风险基金如何解决等一系列问题都要研究，都要深化、具体化。北京的顾问专家、毕节的专家都要进行具体研究。

两烟虽然是夕阳工业，但还有一段时间的发展期。畜牧业作为后续支柱产业也要有一段形成期。在它们之间交叉期如何衔接。在它们的重叠期各种关系如何处理？除畜牧业之外，还需有辅助产业，这些辅助产业有的要生存，要发展，扩大，还需要沟通，它们应处在什么位置上等等都要研究。

四、需要我们统战部做工作的，我们一定全力以赴。顾问组和深圳要搞一种具体形式的接头。在北京或在深圳都可以，要搞一次。要找深圳市委、市政府对接一下，要把顾问组的思路和他们的资金、项目对接。这个事儿我们来策划。

毕节秸秆养畜示范区要争取进入农业部全国20个示范区的笼子，毕节要把建议报告赶快搞出来，由省里报农业部。我们顾问组要在报告上签上意见，钱老签名，我们负责跑腿，实在不行打兆国同志的牌子。找陈俊生同志，找温家宝同志，还可以到姜春云同志那里。

农业部要搞20个林业示范区，各县争的很利害。

黄桶铁路我们继续努力，但要改变一下方式，可以和四川省和泸州市联合起来，共同争取，共同努力。

顾问组的工作，已成为中央智力支边扶贫协调小组工作中最活跃，最有成绩的一部分，这是钱老的功劳，是两位副组长的功劳，是大家的功劳。

一九九七年七月七日　上午

1997年7月7日，中共中央统战部部长王兆国同志、副部长郑万通、李德珠同志会见全国政协副主席钱伟长等（讲话记录整理）（毕节政策研究室提供）

中国人民政治协商会议全国委员会委员信笺

顾部长：

您好！

有件事烦请您给予关照。

1988年6月国务院批准贵州毕节地区八县为"毕节开发扶贫、生态建设试验区"。这个地区是全国有名的连片贫困地区、生态遭到严重破坏的地区；多数的农民生活很苦，绝对贫困人口超过400万。试验区成立后，我本人便受聘为顾问组组长，至今已有八年之久。

今年，我带领全体顾问到毕节地区工作和考察，看到这里发生了巨大变化，特别是农业的持续发展、生态环境的改善、和农民生活水平的提高，都给我留下很深的印象。但毕节无一条铁路贯通，公路水平也很低，大量的地下资源因无法外运而不能形成商品优势。在相当长的时期内，仍将主要靠大力发展大农业，充分利用地表资源，走可持续发展之路。

1996年全区粮食产量达173万吨，比1990年增长59.7%，高于全国、全贵州省的增长率。除了提高科技投入外，重要的原因是毕节地区前些年建立了一座年产4万吨合成氨配套6万吨尿素的化肥厂的支撑。这个氮肥企业在毕节地区8县（市）只此一家，被地方视如珍宝，是贵州省先进企业之一，1996年又被化工部评为化肥生产先进单位。它在本地区农业发展中已经发挥了重要作用。但从总量需求看，需按化工部专家原通过的"毕化尿素6改12"方案实施，才可望使毕节地区的粮食与化肥不再依赖外部调入，

中国人民政治协商会议全国委员会委员信笺

使毕节的农业状况有较大的改观。

现国家从化肥生产宏观布局考虑，只同意毕节化肥厂先行"6改10"。地区专署觉得这里的情况特殊，并将化肥厂"6改12"的请求直接送给了我和顾问组（见附件）。为了全面了解情况，我于5月21日率全体顾问亲往该化肥厂参观、考察。他们所反应的情况是属实的，要求也是合乎情理的，并得到了省化工厅的赞同与支持。在现场看到毕节化肥厂实际上已按"6改12"方案开始施工，工程进度已达30%。我想，念及毕节地区是国务院批准的全国唯一的岩熔地区实验区；是中央统战部、国家民委、各民主党派中央、全国工商联多年来重点智力支边的地区；现在尚有160万贫困农民没有解决温饱问题的实际，以及其它特殊情况等，建议化工部能按个案处理批准他们的请求，将毕节化肥厂按"6改12"立项并一次实施，为此我不胜感谢！

顺致

衷心的问候！

钱伟长

1997年7月1日

附：毕节地区行政公署给我与顾问组的信。

1997年7月1日，钱伟长给农业部顾部长的信（毕节政策研究室提供）

镕基总理：

您好！

我向您反映1998年国务院关于烟叶种植面积与收购量大幅度缩减的通知下达后，在贵州省毕节地区引起的一些问题，并对国家烟叶种植和收购工作提两点建议。

贵州省毕节地区是全国有名的贫困地区，所辖8个县市中现仍有5个为国家级贫困县。1988年经国务院批准为"开发扶贫，生态建设"试验区，旨在通过毕节的实践探索一条我国岩溶地区经济、资源、人口与环境协调发展，摆脱贫困走向富裕的新路子。毕节试验区成立以来，一直是中央统战部、国家民委、各民主党派中央和全国工商联智力支边扶贫的重点。成立了由各民主党派成员中热心扶贫工作、有一定社会影响的高层次专家、教授组成的"支援毕节试验区专家顾问组"，长期关注和支持该地区的经济与社会发展。我连续三届应聘担任顾问组组长，在毕节开展智力支边扶贫工作已有十年。

十年来，毕节地区发生了巨大变化。贫困人口已由当初的400万下降为150万，财政收入由过去全省9个地州市中排名最末，跃居为仅次于贵阳和遵义两市的全省第三位，是贵州省发展最快的地区。在毕节经济发展和解决贫困人口温饱问题中，起了重大作用的就是毕节经济的主要支柱产业"两烟"（即烤烟和卷烟）。自1996年以来，"两烟"税收一直占毕节财政收入的65%～70%，1997年全区财政收入为13亿元，其中"两烟"就占9亿元。每年有十万农户依赖种植烟叶解决了温饱。农民从烤烟中获得的收入占常年收入的1/3左右，全区600万农民人均年收入中有260元来自烤烟。

去年全国烟叶产量严重供大于求，国家及时调整了烟叶种植面积和收购计划的政策，我十分赞同国家关于削减烟叶种植面积和收购计划的决定。《国务院办公厅关于做好1998年烟叶种植和收购工作有关问题的紧急通知》中所做出的决定是及时的、正确的。但是，陡然大幅度削减烟叶计划给贵州毕节这样以"两烟"为支柱产业的贫困地区带来了负面影响。首先，这将严重影响解决贫困农民温饱问题的进程。毕节地区原计划今年脱贫的威宁、赫章、织金三个县，已不可能实现脱贫目标。原已脱贫的大方、黔西两个县也有可能再次返贫，预计将会有68万农民重新返贫。如不采取措施，像毕节这样的贫困地区极有可能拖全国在2000年基本解决温饱问题这一目标的后腿。

其次，预计毕节地区财政收入将减少2.1亿元，这将影响其基础设施建设的投入和社会的稳定。关于改变毕节地区过分依赖"两烟"这一脆弱基础产业问题，我们早有考虑。97年我在毕节考察时就提出经济发展不能搞单打一，应尽快改变毕节产业结构单一的局面，并建议加快培育畜牧产业作为"两烟"的后续支柱产业，以防止一旦"两烟"出现萎缩而引发经济持续发展乏力的困难。这些建议得到毕节领导的重视，97年8月毕节地委行署做出了关于加快畜牧业发展的决定。但是一个地区，特别是毕节这样的经济落后地区的替代支柱产业的培育和形成并非易事，需要时间和资金投入。

第三，大幅度地削减烟叶收购数量，损伤了农民的切身利益。长期以来，种烟是这里农民主要的经济收入来源，一旦减少或失去，农民很难承受，在少数民族聚居的乡村甚至会引发纠纷和冲突，去年在该地区的金沙、黔西、大方等县均发生多起毁车、伤人、围攻乡政府和烟叶收购站的事件。所以在类似毕节这样的老、少、边、穷地区，调整烟叶生产规模还是关系社会安定的大事情。

考虑上述情况，特提出两点建议供您参考：

一、在坚决执行削减烟叶种植和收购计划的前提下，适当调整我国东、西部省份削减的幅度和比例。对沿海地区和经济发达的省份，可以多削减一些；而对于贵州毕节这样的贫困地区则应减缓削减幅度和速度，以使他们能有时间和财力进行产业结构调整。98年全国烟叶收购计划削减了47.87%，贵州省则为55%，毕节地区为56.7%，均高于全国的削减比率。而有些沿海发达省份，如广东为40.6%，福建为46.7%，山东为43.2%，安徽为36.4%，辽宁为30.3%，河南为42.6%，均低于全国削减比率。看来，调整东部沿海省份烟叶削减的幅度是必要的和有余地的。

二、国家烟草专卖局提出的"市场引导，计划种植，主攻质量，调整布局"的烟叶生产指导方针是非常正确的，应抓紧落实执行。应把调整布局和削减烟叶种植及收购计划结合起来进行。通过对产烟各省区烟叶种植不同比率、不同幅度的逐年削减，来逐步改变我国现在21个省份都种烟的格局，最终形成以云、贵数省为产烟区的合理布局。

专此，敬颂
公祺！

钱伟长
一九九九年元月八日

1999年1月8日，钱伟长给朱镕基总理的信（毕节政策研究室提供）

1999年4月8日，国家烟草局《关于对钱伟长副主席给朱总理报告有关烟叶种植问题的专题汇报》（毕节政策研究室提供）

4. 交通动脉　规划指导

曾主任：

您好！国家计委公开向全社会征求"十五"计划意见和建议，动员全社会为"十五"计划献计献策，这在我国五年计划制定史上还是第一次。我们响应国家计委的号召，对西部铁路建设谈几点看法和建议。

自1988年以来，我们作为"中央统战部、国家民委、各民主党派中央、全国工商联智力支边扶贫协调小组"支援毕节试验区顾问组的组长和副组长，在贵州省毕节地区从事支边扶贫工作已有12年了。此外，我们还经常参加民主党派重点支持的广西百色、贵州省黔西南州等贫困地区的帮扶工作。这些地区贫困人民令人难以置信的贫穷窘困的生活状况时时震颤着我们，一想到他们，我们就会涌动出一种强烈的愧疚感和责任感。这些生活在喀斯特贫困地区的人口密度大于全国的平均值，如毕节地区每平方公里人口达260人，土地严重超负荷，生态严重破坏，解决贫困人口的温饱和脱贫的难度相当大。经多年来的实践和探索，我们认为发挥这些地区的矿产资源优势，走工业化、城镇化的路子是这些地区经济发展、摆脱贫困的最好出路。而前提条件是必须加强这些地区的基础设施建设，最重要的是修建一条铁路。为此，我们做了很多调研、呼吁、协调工作。我们连续8年在全国人大和全国政协大会上提交议案和提案。1998年，我们请中国科学院地理研究所研究员陈航等多位专家到广西、贵州、四川进行考察调研，完成了《尽快建设隆百铁路以适应大西南地区国民经济持续发展需要》的报告，得出了隆百铁路经济效益好、社会效益高、政治影响大，应为国家一级路网干线的结论。为增加隆百铁路前期工作的力度，经中央统战部领导同志批准，成立了"中央智力支边扶贫协调小组隆百铁路调研组"，我们三位担任正副组长。经与川、黔、桂三省区领导同志交流协调，达成了共同申报修建隆百铁路的一致意见。1998年12月14日，在北京召开了三省区计委主任会议，决定成立三省区隆百铁路前期工作领导小组，并推举贵州省计委为组长单位。而后，委托铁二院编制隆百铁路预可行性研究报告。今年10月9日，我们在成都主持召开了隆百铁路预可研

报告汇报会，三省区计委领导同志提出了一些修改意见，预计经修改后正式文本可在今年11月份完成。

在预可研编制过程中，我们四次赴成都与铁二院同志交换意见，经多次优化设计，现隆百铁路为：北起成渝铁路的隆昌站，向南经泸县、泸州、纳溪、叙永、毕节、大方、织金至黄桶与株六复线交汇，在继续向南行经镇宁、紫云、乐业、凌云至百色与南昆铁路接轨。运营里程874.84公里，其中隆昌至黄桶长483.442公里，黄桶至百色长391.40公里。全线中隆昌至泸州系既有铁路，泸州至纳溪为拟建铁路，纳溪至百色为新建铁路，长790.87公里，总投资在210亿元左右。

改善和加强西部省份以铁路公路为主的基础设施建设是实施西部大开发的首要前提，也是西部地区的环境保护和生态建设、产业结构调整和改革开放的重要条件。我们认为铁路建设向西部倾斜，以西部为重点，应有超常思维和超前思维。尽快修建隆百铁路是实施西部大开发战略，加速西部地区国民经济可持续发展的客观需要。隆百铁路的修建应采取一次立项、分段修建、滚动发展的原则。即：在全线先立项的基础上，先修建隆昌至黄桶这一运量大、造价低、经济效益好路段。运营受益后再修建黄桶至百色路段。实行修建一段、投产一段、受益一段的滚动发展模式。

考虑到现在宝成、成渝、川黔、黔桂等线路运量饱和的因素，建议进一步研究修建甘肃到重庆的铁路。隆百线可在隆昌往北进一步延伸到遂宁与该线交汇。这样就形成了从甘肃往南直达防城港我国铁路的西部大动脉，打通了西部10省区通向南海的最便捷的出海通道，其意义就更加深远了。

以上意见不知妥否，请参考。

2000年12月，钱伟长给国家计委主任曾培炎的信（草稿）（毕节政策研究室提供）

曾主任：

您好！国家计委公开向全社会征求"十五"计划意见和建议，动员全社会为"十五"计划献计献策，这在我国五年计划制定史上还是第一次。我们响应国家计委的号召，对西部铁路建设谈点看法和建议。

自1988年以来，我们作为"中央统战部、国家民委、各民主党派中央、全国工商联智力支边扶贫协调小组"支援毕节试验区顾问组的组长和副组长，在贵州省毕节地区从事支边扶贫工作已有12年了。看来，贫困地区由于区域经济社会发展落后，贫困农民的生活方式很难发生根本性的改变。这在广西的百色、贵州的黔西南贫困地区也有相类似的情况。经多年的实践和探索，我们认为发挥这些地区的矿产资源优势，走工业化、城镇化的路子是这些地区经济发展、摆脱贫困的最好出路。而前提条件是必须加强这些地区的基础设施建设，最重要的是修建一条由四川隆昌经贵州毕节、黔西南到广西百色的铁路。为此，近几年我们做了很多调研、呼吁、协调工作，连续8年在全国人大和全国政协大会上提交议案和提案。1998年，我们请中国科学院地理研究所的专家到广西、贵州、四川进行考察调研，完成了《尽快建设隆百铁路以适应大西南地区国民经济持续发展需要》的报告，得出了隆百铁路经济效益好、社会效益高、政治影响大，应为国家一级路网干线等结论。为增加隆百铁路前期工作的力度，经中央统战部领导同志批准，成立了"中央智力支边扶贫协调小组隆百铁路调研组"，我们三位担任正副组长。经与川、黔、桂三省区领导同志协调，达成了共同申报修建隆百铁路的一致意见。而后，三省区联合委托铁二院编制隆百铁路预可行性研究报告。现报告已经正式完成，付上请阅示。

在预可研报告编制过程中，我们四次赴成都与铁二院同志交换意见，经多次优化设计，现隆百铁路为：北起成渝铁路的隆昌站，向南经泸县、泸州、纳溪、叙永、毕节、大方、织金至黄桶与株六复线交汇，在继续向南行经镇宁、紫云、乐业、凌云至百色与南昆铁路接轨。运营里程874.84公里，其中隆昌至黄桶长483.442公里，黄桶至百色长391.40公里。全线中隆昌至泸州系既有铁路，泸州至纳溪为拟建铁路，纳溪至百色为新建铁路，长790.87公里，总投资在210亿元左右。

加强西部省份以铁路公路为主的基础设施建设是实施西部大开发的首要前提，也是西部地区的环境保护和生态建设、产业结构调整和改革开放的重要条件。尽快修建隆百铁路是实施西部大开发战略，加速西部地区国民经济可持续发展的客观需要。隆百铁路的修建应采取一次立项、分段修建、滚动发展的原则，即在全线先立项的基础上，先修建隆昌至黄桶这一运量大、造价低、经济效益好路段，运营收益后再修建黄桶至百色路段。实行修建一段、投产一段、受益一段的滚动发展模式。

近闻甘肃省提议修建甘肃到重庆的甘渝铁路，如是，隆百线可在隆昌往北进一步延伸到遂宁与该线交汇。这样就形成了从甘肃往南直达广西防城港的西部大动脉，打通了我国西部省区通向南海的最便捷的出海通道，其意义就更加深远了。

以上意见不知妥否，请参考。

钱伟长 2000年12月21日

2000年12月21日，钱伟长给国家计委主任曾培炎的信（毕节政策研究室提供）

曾主任：

您好！国家计委公开向全社会征求"十五"计划意见和建议，动员全社会为"十五"计划献计献策，这在我国五年计划制定史上还是第一次。我们响应国家计委的号召，对西部铁路建设谈点看法和建议。

自1988年以来，我们作为"中央统战部、国家民委、各民主党派中央、全国工商联智力支边扶贫协调小组"支援毕节试验区顾问组的组长和副组长，在贵州省毕节地区从事支边扶贫工作已有12年了。看来，贫困地区由于区域经济社会发展落后，贫困农民的生活方式很难发生根本性的改变。这在广西的百色、贵州的黔西南贫困地区也有相类似的情况。但是，这些地区有丰富的煤、磷、硫铁矿等矿产资源，其中毕节地区的织（金）纳（雍）大（方）煤田是我国江南最大的低硫、低灰优质无烟煤产区，储量高达274亿吨。经多年的实践和探索，我们认为发挥这些地区的矿产资源优势，走工业化、城镇化的路子是这些地区经济发展、摆脱贫困的最好出路。而前提条件是必须加强这些地区的基础设施建设，最重要的是修建一条由四川隆昌经贵州毕节、黔西南到广西百色的铁路。为此，近几年我们做了很多调研、呼吁、协调工作，连续8年在全国人大和全国政协大会上提交议案和提案。1998年，我们请中国科学院地理研究所的专家到广西、贵州、四川进行考察调研，完成了《尽快建设隆百铁路以适应大西南地区国民经济持续发展需要》的报告，得出了隆百铁路经济效益好、社会效益高、政治影响大，应为国家一级路网干线等结论。为增加隆百铁路前期工作的力度，经中央统战部领导同志批准，成立了"中央智力支边扶贫协调小组隆百铁路调研组"，我们三位担任正副组长。经与川、黔、桂三省区领导同志协调，达成了共同申报修建隆百铁路的一致意见。而后，三省区联合委托铁二院编制隆百铁路预可行性研究报告。现报告已经正式完成，付上请阅示。

在预可研报告编制过程中，我们四次赴成都与铁二院同志交换意见，经多次优化设计，现隆百铁路为：北起成渝铁路的隆昌站，向南经泸县、泸州、纳溪、叙永，穿过毕节、大方、织金古夜郎国所在地，到黄桶与株六复线交汇，在继续向南行经镇宁、紫云、乐业、凌云至百色与南昆铁路接轨。运营里程874.84公里，其中隆昌至黄桶长483.442公里，黄桶至百色长391.40公里。全线中隆昌至泸州系既有铁路，泸州至纳溪为拟建铁路，纳溪至百色为新建铁路，长790.87公里，总投资为210亿元左右。

加强西部省份以铁路公路为主的基础设施建设是实施西部大开发的首要前提，也是西部地区的环境保护和生态建设、产业结构调整和改革开放的重要条件。尽快修建隆百铁路是实施西部大开发战略，加速西部地区国民经济可持续发展的客观需要。隆百铁路的修建应采取一次立项、分段修建、滚动发展的原则，即在全线先立项的基础上，先修建隆昌至黄桶这一运量大、造价低、经济效益好路段，运营收益后再修建黄桶至百色路段。实行修建一段、投产一段、受益一段的滚动发展模式。

近闻甘肃省提议修建甘肃到重庆的甘渝铁路，如是，隆百线可在隆昌往北进一步延伸到遂宁与该线交汇，这样就形成了从甘肃往南直达广西防城港的西部大动脉，打通了我国西部省区通向南海的最便捷的出海通道，其意义就更加深远了。

以上意见不知妥否，请参考。

钱伟长 胡敏 常近时

2000年12月22日

2000年12月22日，钱伟长、胡敏、常近时给国家计委主任曾培炎的信（毕节政策研究室提供）

2001年1月22日，中共中央统战部《关于转送钱伟长等同志关于修建隆百铁路建议的函》
（毕节政策研究室提供）

5. 心系教育　治愚扶智

邓小平同志曾经指出："我们国家国力的强弱、经济发展后劲的大小越来越取决于劳动者的素质。"

1997年，毕节试验区面临着脱贫致富、发展经济的艰苦任务，又面临着发展教育事业，提高人口素质的重任。钱伟长说："人是社会发展最关键的一个因素，所以教育和人才绝对不能轻视。科技扶贫的力度要加大，要使民族同胞中贫困户尽快解决温饱。"

由钱伟长牵头，中共中央统战部、国家民委、各民主党派中央、全国工商联等11个单位，捐资20万元人民币在大方县羊场镇助建"毕节地区实验学校"。钱伟长号召人们都来关心贫困地区，帮助贫困地区；同时鼓励毕节试验区在经济开发中要重视教育，重视培训人才，重视把树人与经济开发、生态建设等有机结合起来。这次捐资办学具有深远意义，正如时任民革中央副主席胡敏所说：钱老之所以倡导它，因为它是一个开发项目，要通过它摸索一条在贫困地区发展教育、培养人才、振兴经济的教育改革路子，在全地区起到实验示范作用，从而推动教育事业的改革与发展。

第一部分　心系乌蒙　情牵千里——钱伟长与毕节试验区扶贫记忆

1997年3月10日，钱伟长、胡敏、常近时《关于联合兴建〈中共中央统战部、国家民委、各民主党派中央、全国工商联支援毕节试验区实验学校〉的倡议书》（毕节政策研究室提供）

1997年，中共中央统战部、各民主党派中央、国家民委、全国工商联助建毕节试验区实验学校（毕节政策研究室提供）

1997年5月22日,钱伟长代表中共中央统战部、国家民委、各民主党派中央、全国工商联向毕节试验区实验学校捐款(毕节政策研究室提供)

钱伟长为毕节地区实验学校题写校名

在毕节试验区发展图书馆事业理应成为当务之急。1997年，毕节地委、行署在竭心尽力抓好教育科技文化事业的同时，筹集资金570多万元，新建了占地14.2亩、建筑面积6 400平方米的图书馆。5月22日下午，中共中央统战部、各民主党派中央、全国工商联、试验区专家顾问组等急贫困地区之所急，向毕节图书馆捐赠图书1.1万册和人民币7 000元。钱伟长个人还向毕节地区图书馆捐赠了"联想586"多媒体计算机1台和图书600册，并为地区图书馆题词。在捐赠仪式后的参观中，钱伟长看着崭新的空书架，风趣地说："好啊，等书！这下你可有用武之地了。"

1999年5月,钱伟长考察大屯彝族土司庄园并支持大屯民族乡中心小学的18名辍学儿童重返校园。这种资助持续6年,直到18名儿童先后完成学业,并升入高一级学校继续读书深造。

2004年4月20日,在钱伟长的关心帮助下,毕节学院正式成立。

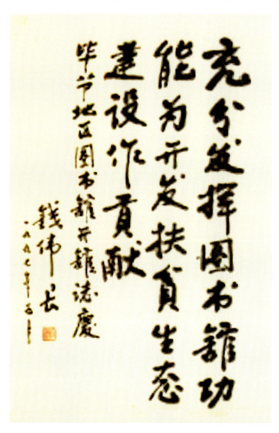

1997年5月,钱伟长为毕节地区图书馆开馆题词(毕节杂志社提供)

2004年4月20日,毕节试验区第四届专家顾问组组长厉以宁(左二)为毕节学院揭牌(选自《毕节试验区科学发展20年》)

6. 文化遗产　守护传承

1988年，钱伟长在大方参观该县生产的漆器工艺品后欣然挥毫题词："发扬民族风韵绚丽多彩的工艺传统。"

1988年12月13日，钱伟长游览织金洞后题词（选自毕节试验区试验丛书《改革·试验·发展》）

织金洞景观（毕节杂志社提供，霸王盔摄）

1997年5月,钱伟长参观大方奢香博物馆(毕节政策研究室提供)

1999年5月18—19日,在参加毕节开发扶贫生态建设试验区十年总结暨研讨会并发表重要讲话后,钱伟长偕夫人孔祥英考察了国家重点文物保护单位——毕节大屯彝族土司庄园,他要求文化、文史部门对该庄园认真加以保护。

毕节大屯彝族土司庄园(选自网络)

毕节大屯彝族土司庄园全景(选自网络)

五、涅槃巨变——试验区 30 年发展变化

"海雀村,作坊河;罩子遮齐门槛脚。要想扯尺遮羞布,肩膀当作地皮磨。""忆往昔,泥土墙,茅草房,支口锅来铺张床。"这曾经是毕节乡亲们的顺口溜,也道出了这里曾经的艰难困苦。经过 30 多年来的试验改革,特别是党的十八大以来,在以习近平同志为核心的党中央坚强领导下,在社会各方面大力支持下,毕节试验区书写了脱贫攻坚的精彩传奇。

从 1987 年到 2017 年,毕节地区生产总值、财政总收入、固定资产投资、社会消费品零售总额、全部工业增加值分别增长 103.2 倍、168.1 倍、865 倍、59.7 倍、179.6 倍,城镇和农村居民人均可支配收入分别增长 39.2 倍、26.7 倍,坚定走出了一条以"开发扶贫、生态建设、人口控制"为主题,以统筹经济与人口、资源、环境协调发展为主线,以创新为动力,实现从普遍贫困到基本小康的跨越,交出了一份合格的时代答卷。

1. 实现"两大跨越"

毕节试验区实现了人民生活从普遍贫困到基本小康的重大跨越、生态环境从不断恶化到明显改善的重大跨越。从根本上解决了人民的温饱问题,城镇和农村居民人均可支配收入显著提高。城乡面貌显著改善,城镇化率大幅提高。社会保障体系基本建

立，社会救助制度全面实施，城乡低保实现"应保尽保"。公共文化服务水平不断提高，文化事业和文化产业蓬勃发展。生态得到有效修复和保护，先后被定为"全国生态保护与建设示范区""全国林业生态建设示范区"。在实现"两大跨越"的同时，发展基础、发展条件、发展能力普遍改善和提高。高铁、机场、高速公路等基础逐渐完善，并建成9个省级产业园区，索风营水电站和黔北、纳雍、大方、黔西、织金等火电厂相继投产运营，成为"西电东送"的重要能源基地。

今日海雀村（选自《毕节试验区科学发展20年》）

今日海雀村（选自网络）

草海（毕节杂志社提供，魏运生摄）

百里杜鹃（毕节杂志社提供，周燕林摄）

七星关区德沟大桥（毕节杂志社提供）

世界最大跨径中承式钢混结合提篮桥——成贵铁路鸭池河大桥与雨后的贵州省毕节市黔西县铁石乡米新寨村苗寨、梯田、云海构成一幅美丽的画卷（毕节杂志社提供，熊军万摄）

第一部分　心系乌蒙　情牵千里——钱伟长与毕节试验区扶贫记忆　51

七星关区碧阳湖美景（毕节杂志社提供，鱼水摄）

七星关区人民公园秋景（毕节杂志社提供，黄子涵摄）

毕节市倒天河（毕节杂志社、七星关区融媒体中心图库提供）

倒天河夜景（七星关区融媒体中心图库提供）

碧阳湖畔一景(毕节杂志社提供)

碧阳湖畔一景（毕节杂志社提供）

第一部分　心系乌蒙　情牵千里——钱伟长与毕节试验区扶贫记忆 57

桂花市场外景（毕节杂志社提供）

七星关区南部新区夜景（七星关区融媒体中心图库提供）

七星关区同心城市公园（毕节杂志社提供，陈曦摄）

2. 全部实现脱贫

2020年11月23日，根据《中共中央办公厅国务院办公厅印发〈关于建立贫困退出机制的意见〉的通知》（厅字〔2016〕16号）和《国务院扶贫办关于印发〈贫困县退出专项评估检查实施办法（试行）〉的通知》（国开办发〔2017〕56号）精神，经县级申请、市州初审、省级审核、第三方机构实地评估、省扶贫开发领导小组和省人民政府审定、社会公示等程序，紫云县、纳雍县、威宁县、赫章县、沿河县、榕江县、从江县、晴隆县、望谟县等9个县符合国家贫困县退出条件，退出贫困县序列。自此，贵州省66个贫困县全部实现脱贫。

脱贫看贵州，一步跨千年。9个贫困县的顺利退出，根本上讲是习近平新时代中国特色社会主义思想科学指引的结果，是全省干部群众深入学习贯彻习近平总书记关于扶贫工作重要论述的结果，是省委、省政府坚持以脱贫攻坚统揽经济社会发展全局的结果，是全省各级、各部门，特别是9个贫困县广大干部群众苦干实干加油干的结果。毕节正以崭新的面貌迎接美好的新生活。

2020年11月23日，贵州省人民政府新闻办公室举行发布会，宣布关于批准紫云县等9个贫困县正式退出贫困县序列（选自网络）

在党的领导下，在各民主党派的支持下，毕节人民积极改革，大胆实验，踏实进取，勇于创新，不畏困难，艰苦创业，在"苦甲天下"的喀斯特土地上结出硕果累累。创造了从不宜生存，到生态文明可持续发展的佳话，让"贫中之贫、困中之困"的毕节成就了"贫困地区脱贫攻坚的一个生动典型"。

2008年9月，为感谢专家顾问组成员对毕节地区发展作出的贡献，钱伟长和厉以宁等专家被授予"毕节地区荣誉市民"。

"成功不必在我。""功成必定有我。"钱伟长的扶贫事迹便是对此最好的诠释。无私奉献，锲而不舍，情洒乌蒙山乡，一次踏入，终生牵挂，他用生命的热诚践行着使命和担当。

第二部分

钱伟长与文化遗产保护
——纪念钱伟长诞辰110周年

钱伟长的一生，从义理到物理，从固体到流体，顺逆交替，委屈不曲，荣辱数变，老而弥坚。他以"国家的需要就是我的专业"为人生信条，以国家和民族的振兴为己任，学习奋斗不止，研究探索不息，获得了丰富的科研及学术成就，形成了深刻而独特的教育思想和学术思想，留下了无数动人心弦的故事。

上海大学不断深化对钱伟长及其思想的研究，丰富科学家精神宝库，服务立德树人根本任务，近年来已形成一系列研究成果。学校在建立以钱伟长名字命名的钱伟长图书馆的基础上创设了"钱伟长纪念展"，常年展示钱伟长不懈奋斗的一生，开辟了"伟长书屋"等场所让师生和观众走近并感受"伟长"。

继2021年"心系乌蒙 情牵千里——钱伟长与毕节试验区扶贫记忆展"之后，2023年推出的"钱伟长与文化遗产保护——纪念钱伟长诞辰110周年专题展览"，旨在通过钱伟长亲自参与的一系列文化和遗产保护工作，展示他服务国家需要的责任担当。改革开放以来，特别是担任全国政协副主席期间，钱伟长做了大量文化和遗产保护工作。长江三峡库区文物调查和保护、苏州杭州泉州福州四大名城新旧城区协调发展战略性布局和规划以及推动依法保护文物等，钱伟长在其中都发挥了重要作用。当年面对"汉字落后论"，钱伟长认为中国必须掌握汉字如何输入电脑这一技术，也坚信中国人完全可以解决汉字的信息化问题。他毅然开始学习计算机，投身汉字输入法的研究，成功研制出"钱码"，于1981年发起成立"中国中文信息学会"并当选为理事长。

展览通过梳理和展示钱伟长关于文化和遗产保护工作的点点滴滴，缅怀钱伟长为文化和遗产保护事业所作的贡献，追思和学习他的崇高风范，激励我们坚定文化自信。

一、文保之识根植人文修养

钱伟长曾参与多项文化遗产保护调查，为文保事业的发展建言献策。而这些远见卓识与他的成长环境和求学经历是分不开的。良好的家庭环境培养了他对人文历史的兴趣，在求学过程中的他也深受人文环境的熏陶。他虽然主要致力于科学领域，但也从未间断对文史的学习和研究。这些都是钱伟长日后致力于文化遗产保护领域的智识来源。

1. 文化熏陶

钱伟长幼年便被家庭中的书香浸染，良好的家庭教育促使他对文史产生了浓厚的兴趣。苏州中学众多名师大家的教导，让他打下了良好的文史基础，同时也受到了古典园林文化的熏陶。清华时期的通识教育，让他攻读物理专业的同时也受到文史的滋养。

1913年，钱伟长出生在江苏省无锡县鸿声里七房桥。钱伟长幼年的成长深受家族影响，父亲钱挚是一名国文教师，四叔钱穆是后来的国学大师。深厚的家学渊源对钱伟长少年时代的人文素养具有重要的形塑作用。

1928年，钱伟长进入苏州中学学习。苏州中学是一所有千年办学渊源、百年办学历史的中国江南名校。国学大师罗振玉、王国维，史学家吕思勉，文学家吴梅，语言学家吕叔湘，美术家颜文樑，以及钱伟长的四叔钱穆等大师，都曾在此任教，钱伟长深受他们的影响，奠定了坚实的文化基础。

在苏州中学的三年里，钱伟长经常到坐落于沧浪亭附近的苏州市立图书馆学习。苏州古典园林所蕴涵的中华哲学、历史、人文习俗是江南人文历史传统、地方风俗的一种象征和浓缩，在世界造园史上具有

当时的苏州中学（选自网络）

独特的历史地位和重大的艺术价值，是中华文化的典型代表。沧浪亭与狮子林、拙政园、留园被称为苏州宋、元、明、清四大名园。钱伟长在此深受古典园林文化的熏陶，对祖国优秀灿烂的文化遗产产生了深深的自豪感。

苏州市立图书馆老照片（选自苏州图书馆官网）

1931年，钱伟长以优异的成绩考入清华大学中文系。入学不久，九一八事变爆发，钱伟长意识到国家更加迫切需要的是科学技术，于是决定舍文从理，攻读物理系。虽然转学物理，但是也受到了清华良好的人文教育。

叶企孙教授

清华大学不仅有许多著名的人文大师,一些理科教授也非常尊重文科的价值。如物理系叶企孙教授第一次与钱伟长见面时便和他交流《史记》研读的心得,并告知"读史贵在融会贯通,弄懂它,不在于死背熟读某些细节"。叶企孙对历史文化遗产也很感兴趣,"愿意和青年人交往,每星期都要带几个学生出去,看看山看看水,讲中国历史、文物、古迹"(韩戍:《钱伟长的文化修养和人文情怀》,《团结报》2022年9月8日)。

此外,钱伟长入选了清华越野代表队。马约翰教授带领越野队训练时经常经过颐和园、西直门、天安门等文物古迹。这些地方也给钱伟长留下了深刻的印象。

2. 文史研究

钱伟长对文史研究有着深厚的兴趣,在苏州中学就读时曾发表《春秋日食考》。

1949年,北平文化界三百二十九人联名发表宣言,声讨南京国民党反动卖国政府盗运文物的罪行。钱伟长也参加了此次联名宣言。

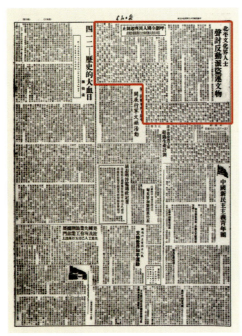
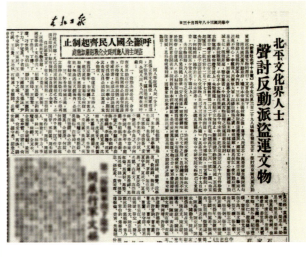

钱伟长参加北平文化界人士声讨反动派盗运文物(1949年4月13日《东北日报》)

第二部分　钱伟长与文化遗产保护——纪念钱伟长诞辰110周年

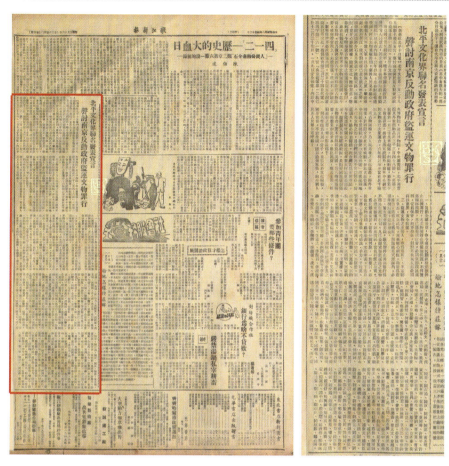

钱伟长参加北平文化界联名发表宣言声讨南京反动政府盗运文物罪行
（1949年4月13日《嫩江新报》）

1949年4月14日，《嫩江新报》更正13日报道中的"钱伟良"应为"钱伟长"

新中国成立后,钱伟长积极投入社会主义建设事业,同时也研究中国科学技术的历史。1950年12月,钱伟长撰写了《中国古代的科学创造》。他在文章中总结说:"我们祖国有着丰富的历史遗产,有着光辉无比的科学创造。中国人民在几千年中经常居于世界文化的前列。"

1953年,这篇文章扩展成为专著《我国历史上的科学发明》并出版。1979年11月23日他又在《北京日报》发表了《科技赶超史话》一文,文章认为中国古代的科学创造对世界具有重要意义,如火药、罗盘等促进了航海事业的兴起以及西欧地区的文艺复兴和社会变革。

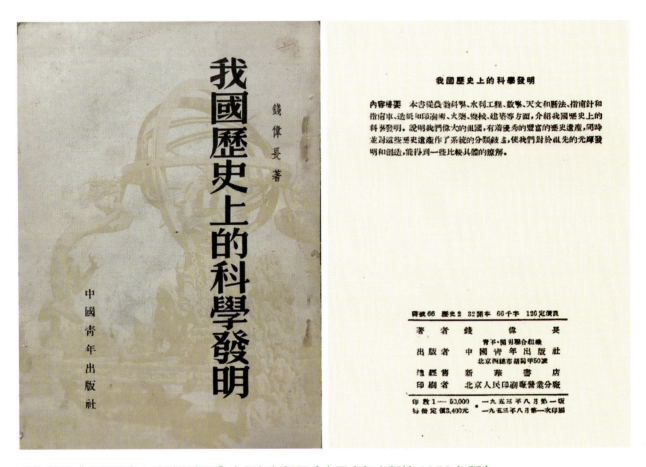

钱伟长著《我国历史上的科学发明》书影与版权页(中国青年出版社1953年版)

钱伟长十分注重对历史的研究，2000年12月，他撰写了《鲜卑族的由来与现在的分布》一文。钱伟长认为，历史研究不仅需要翻古书，还可以从现实中学习，中国历史可以从现在的角度进行研究。钱伟长还撰写过题为《"华夏"的由来》的短文，讨论华夏民族的起源问题。

钱伟长《跨越世纪——2000年至2001年文集》中收录的《鲜卑族的由来与现在的分布》《"华夏"的由来》（上海大学出版社2002年版）

二、身体力行致力文保事业

贾庆林同志在"纪念钱伟长同志诞辰 100 周年座谈会"上的讲话中提到钱伟长就"保护历史文物"等重大问题提出了许多重要意见和建议。钱伟长在担任全国政协副主席期间，率队调查三峡文物保护、全国历史文化名城保护、文物盗窃和走私等重大文保事件，并积极发挥政治协商的职能，为文化遗产保护事业的发展建言献策。

1. 三峡库区文物调查与保护

长江三峡一带有着众多的文化遗迹和独特的文化发展体系，包括巫山猿人、大溪新石器文化、夏商文化遗存和春秋战国时期巴人遗迹、秦汉至明清大量的古墓葬群及独具特色的古民居等，是整个中国考古学文化链条上不可或缺的环节。三峡工程是世界最大的水利工程，也伴随着规模浩大的文物保护工作。在三峡工程批准建设后，时任全国政协副主席的钱伟长十分关心三峡文物的保护，耄耋之年的钱伟长率领全国政协专题组和文物专家前往三峡地区进行文物调查，为三峡文物的保护提出了诸多保护性建议。

耄耋之年率队考察

1992年4月,中华人民共和国第七届全国人民代表大会第五次会议决定兴建三峡工程。

中华人民共和国第七届全国人民代表大会第五次会议投票现场(选自中国长江三峡集团官网)

中华人民共和国第七届全国人民代表大会第五次会议通过《关于兴建长江三峡工程的决议》(选自中国长江三峡集团官网)

三峡工程是世界最大的水利工程，也是规模最大的文物保护工程。三峡的修建意味着海拔175米以下的广大地区将被永远淹没，而这些地区有着极为丰富的文物资源，如何抢救和保护好如此广阔区域内的文化遗产，成为当时举世关注的问题。为了保护三峡库区的文化遗产，全国各地文物、考古及古建筑专家奔赴三峡，开展大规模的抢救性考古发掘和地面文物保护工作。

1993年6月，时任全国政协副主席钱伟长邀请国家文物局介绍三峡文物工作的情况，了解到三峡文物抢救和保护工作的规划问题复杂，时间紧迫，刻不容缓。同时，随着移民和拆迁工作的开展，已发生了文物遭破坏的情况。钱伟长当即决定亲自带队，赴四川、湖北三峡地区进行实地调查。

1993年9月24日至10月8日，钱伟长率领由全国政协委员、著名文物专家、国家文物局和国务院三峡工程建设委员会办公室负责同志以及新华社、中央电视台、光明日报社等媒体记者组成的近40人的考察团，自重庆一路乘船至宜昌，沿途考察了三峡淹没区11个城市的22个文物点，召开了数次不同类型的座谈研讨会。

1993年10月，钱伟长率领考察团来到湖北宜昌，宜昌市文化主管部门向全国政协三峡文物考察团作汇报。根据当时文物调查资料统计，三峡坝区及库区涉及宜昌市内文物点共计228处，位于海拔175米以下的各类文物点有149处，占全市文物点总数的五分之一。钱伟长十分重视这里的文物考古工作，他认为："三峡的地面、地下文物，都是我们整个民族文化的重要组成部分，对中国乃至人类文明史都有不可估量的意义，抢救三峡文物就是抢救我们祖国民族的文化。"

宜昌市文物主管部门向三峡文物考察团汇报文件（上海大学图书馆藏）

《情系三峡 献计出力》（1993年11月25日《人民日报》，上海大学图书馆藏）

关注中堡岛遗存保护

考察团来到中堡岛考察，这里蕴藏着丰富的考古学文化，有些文化层达5米多深，可谓"无字的地下通史"，是三峡地区具有代表性的一处古代文化遗存。钱伟长高度重视考古发掘工作。在钱伟长及相关部门的关注下，全国文物考古工作者对三峡地下文物进行了紧急大抢救，陆续发现了被称为"埋在地下的一部'中国通史'"的中堡岛遗址。

钱伟长带领考察团在中堡岛合影(上海大学图书馆藏)

钱伟长视察三峡文物保护工作(选自网络)

支持白鹤梁水下保护方案

白鹤梁水文题刻有"世界第一水文站"之称,刻有自唐广德元年至20世纪初1 200多年间72个年份的枯水情况记录,是世界上发现最早的水文题记。有出自300多位历代名人之手的3万余字的诗词铭文,又有"水下碑林"之美誉,具有极高的科学、历史和文化价值。三峡水库蓄水后,白鹤梁将被永远淹没在水下。如何妥善保护与合理利用这一珍贵文物,也是考察团重点研究的课题之一。

白鹤梁水文题刻(选自网络)

在考察中,钱伟长召开专家会议,梁从诫委员提出:"白鹤梁既然不能移动也离不开水,那么可以等水库水位提高后就让它泡在水里,外面搞一个透明走廊以方便人们观看,这样既可保护又可利用。"钱伟长十分支持这一方案,会议中专家们也普遍肯定了梁从诫的想法。白鹤梁的保护采用的就是该建议。

2009年5月18日,白鹤梁水下博物馆正式落成。整个保护工程,由"水下博物馆""连接交通廊道""水中防撞墩""岸上陈列馆"四部分组成。现如今游客可下到带参观窗的水下通道,透过玻璃舷窗欣赏白鹤梁水文题刻。

通过白鹤梁水下博物馆的玻璃舷窗欣赏白鹤梁水文题刻（选自网络）

强调"依法治文物"

钱伟长在重庆考察期间，得知文物破坏现象屡有发生，他十分痛心，强调要"依法治文物"。在钱伟长的倡导下，三峡建设委员会移民开发局向湖北、四川两省三峡库区各级移民部门下发了《关于做好三峡工程库区文物保护前期工作有关问题的通

钱伟长谈立法保护三峡文物的采访（全国政协办公厅秘书局提供）

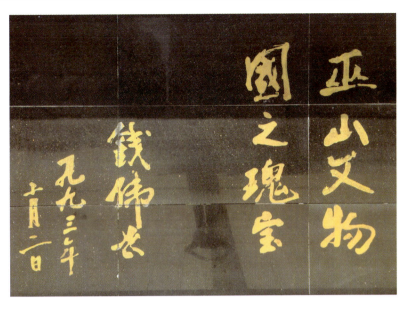

1993年10月3日，钱伟长为巫山博物馆题词（上海大学图书馆藏）

知》，对三峡淹没区和安置区文物的保护工作提出了9条要求。这些要求在三峡文物的保护工作中发挥了重要保障作用，1 000多处重要文物得到了合理、有效的保护。

1997年11月，三峡大坝实现大截流，三峡湖北工作站团队编辑了《长江三峡工程坝区出土文物图集》，展示三峡工程坝区文物保护工作的阶段性成果，时任全国政协副主席钱伟长为该书题写书名，这充分体现了钱伟长等国家领导人对三峡工程文物保护工作的高度重视。

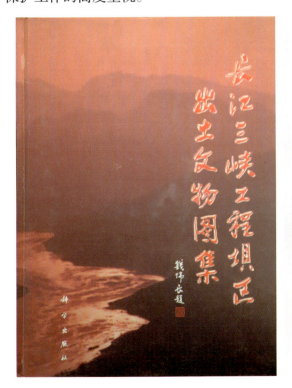

钱伟长为《长江三峡工程坝区出土文物图集》题写书名（上海大学图书馆藏）

2019年5月27日，钱伟长纪念展开幕，受到了社会各界的广泛关注。在展览的筹备期间便收到了社会各界捐赠的很多珍贵的藏品。国务院三峡工程建设委员会办公室捐赠给上海大学的《长江三峡工程库区地图》，是1994年5月由河南省地图院印刷的内部用地图。该地图按照1∶300 000的比例尺绘制，由四幅小地图拼接而成。如今的三峡库区文物遗迹点最初就是以该地图为底板进行标注的。该地图是三峡文物保护规划历程的见证。

长江三峡工程库区地图（现展示于上海大学博物馆钱伟长纪念展）

2. 历史文化名城保护调查

我国历史悠久，文化底蕴深厚，现存有众多的历史文化名城。这些历史文化名城是文化遗产的重要组成部分，也是我们了解我国历史和传统文化、弘扬中华民族精神的重要场所。在城市建设更新的浪潮中，这些珍贵的文化遗产得以保存下来，离不开国家对历史文化名城保护的重视。1982年我国确立历史文化名城保护制度，40余年来，名城保护事业已经发生了质的飞跃。钱伟长在全国政协任职期间，曾亲历了历史文化名城保护，他深入各地调研，建言献策，为历史文化名城的保护提出宝贵意见。

历史文化名城保护制度的确立

1982年2月8日，国务院下发的《批转国家基本建设委员会等部门关于保护我国历史文化名城的请示的通知》中指出："我国是一个历史悠久的文明古国。保护一批历史文化名城，对于继承悠久的文化遗产，发扬光荣的革命传统，进行爱国主义教育，建设社会主义精神文明，扩大我国的国际影响，都有着积极的意义。"通知公布了首批24个国家历史文化名城的名单。以该通知为主要标志，我国历史文化名城制度得以初步建立。

首批国家历史文化名城名单公布后，为了解各地名城保护工作进展，1982年5月，

1982年5月，全国政协文物保护调查组在江苏扬州个园合影。前排左起：萨空了（左二）、吴亮平（左五）、单士元（左七）；后排左起：郑孝燮（左二）、钱伟长（左四）（选自中国政协文史馆微信公众号）

钱伟长参加了全国政协组织的调查组，到上海、杭州、绍兴、苏州、扬州和南京等地开展调查研究，由萨空了同志带队，同行者还有程思远、杨放之、吴亮平、单士元、佟铮和郑孝燮等。

1982年7月14日，第五届全国政协副主席办公会议听取了调查组关于历史文化名城保护问题的调查汇报，并就保护历史文物和名胜古迹问题进行了座谈讨论。萨空了代表调查组提出"抓好城市建设总体规划，注意保护文物、古迹风景区的环境"和"给历史文化名城以优惠待遇"等五点建议。

《继续同破坏历史文物名胜现象作斗争》（1982年7月15日《人民日报》，上海大学图书馆藏）

通过调研，专家学者们意识到以法律手段推动历史文化名城保护的重要性。1982年11月19日，第五届全国人大常委会第25次会议通过《中华人民共和国文物保护法》，该法第八条明确规定："保存文物特别丰富、具有重大历史价值和革命意义的城市，由国家文化行政管理部门会同城乡建设环境保护部门报国务院核定公布为历史文化名城。"由此，"历史文化名城"具有了明确的法律地位。

20世纪90年代初，随着我国经济建设的迅速发展，城市建设包括旧城改造、房地产开发等的规模和速度不断扩大和加快，给历史文化名城保护带来不少的问题。

1994年，由时任全国政协副主席钱伟长为团长，全国政协委员、国家建设部和国家文物局有关专家、负责同志参加的"历史文化名城保护情况"调查团，对经济发展较快的苏州、杭州、泉州、福州四个国家第一批历史文化名城进行了调查。

强调整体保护　建设特色苏州

1994年10月13—16日，"历史文化名城保护情况"调查团视察了苏州部分古典园林、文物保护单位、古城内街道、居民和古城西侧的新区。

《历史文化名城保护情况专题调查简报之一》（《政协全国委员会专门委员会简报》1994年11月15日，全国政协办公厅秘书局提供）

当看到一些地方在旧城改造和房地产开发的大潮中存在破坏历史文化名城的情况时，钱伟长非常痛心。看到园林大多被街道的小工厂所占，历史感荡然无存时，他深感惋惜。每到一地，钱伟长都大声疾呼："历史文化名城的发展一定要重视文化。"

钱伟长说："苏州的城市建设要能够体现出苏州的历史风貌和文化传统。要把苏州建设成具有中国特色的苏州和具有苏州特点的苏州。新的建筑不要模仿外国的样子，更不要'港'化。苏州园林是要保护的，已经破坏了的，要有计划地逐步修复。苏州这个古城，一直都与水有密切的关系，因此，一定要把水的问题解决好。古城内排水的问题与治理河道同样重要，要保护古城风貌的同时，改善市民的基本生活条件。要把建设新区与保护老区的关系处理好。"

1997年，苏州拙政园被列入《世界遗产名录》

苏州园林世界文化遗产申报经历了许多波折。按照世界文化遗产申报流程，申报项目必须首先列入国家预备名单，然后才能正式报请联合国教科文组织考察审批，而且每两年每个国家只能审批三到五个项目。如按照正常申报程序运转下来，苏州最快要等到2010年以后才能进入世界文化遗产行列。但苏州园林亟须通过此次机会加大对园林的保护。

座谈会上，苏州市园林局及文管会的负责人分别汇报了申报世界文化遗产的意向，希望能够得到全国政协领导和各位专家的支持。听取汇报后，时任国家文物局副局长张柏表示："苏州在保护名城中把古典园林申报世界文化遗产工作抓起来，一定要争取在世界上有我们的位置。"钱伟长也对苏州在古典园林保护工作中取得的成绩给予了充分肯定。在全国政协的重视和有关方面的支持下，苏州园林申报工作快速推进。1997年、2000年，拙政园、留园等两批园林作为苏州古典园林的代表成功被列入《世界遗产名录》。

保护杭州古都　挖掘文化内涵

1994年10月18—21日，"历史文化名城保护情况"调查团对杭州进行了考察。杭州是我国的七大古都之一，素有"人文荟萃、文物之邦"的美誉。在城市建设的过程中，也带来了如何处理好发展经济与保护历史文化名城关系的新问题。

1994年10月19日，调查团视察中国茶叶博物馆，钱伟长为中国茶叶博物馆题词"品茶论道"。

座谈会上，委员和专家们一致指出，要根据国务院提出的"保护为主、抢救第一"的原则和文物保护法有关条例，制定出法规；要加强管理；要采取强硬的措施。西湖风景区建筑切忌"高、大、洋"，不应与西湖"夺"景，这样才能保持杭州的基调和特色。对于西湖风景区内的违章建筑和其他破坏文物的工程，要坚决刹住，严肃依法查处。钱伟长生动地将西湖比作西子，认为西湖应是个纯洁美丽的少女，而不是个花枝招展、浓妆艳抹的胖太太，指出一定要保护西湖的自然景观。

1994年10月19日，钱伟长为中国茶叶博物馆题词（中国茶叶博物馆提供）

1994年10月19日,钱伟长在中国茶叶博物馆考察(中国茶叶博物馆提供)

专家们建议:"要进一步加强西湖景区的保护工作,使名城保护与城市发展各得其所。"钱伟长大力支持杭州建设新区,他说:"希望省里能支持市里,下决心建新区,要靠建新区来减轻旧城区的负担。"

钱伟长强调:"历史文化名城要体现历史与文化。钱王庙和雷峰塔都是杭州历史文化内涵的体现。"钱伟长建议复建雷峰塔,重现"一湖映双塔"的佳景。

1994年10月19日,钱伟长一行在中国茶叶博物馆考察座谈(中国茶叶博物馆提供)

1999年7月，经浙江省委省政府、杭州市委市政府批准，雷峰塔重建工作被正式列入议事日程。2000年12月16日，雷峰塔重建工程启动。2002年10月25日，雷峰塔重建竣工并正式对外开放。

《历史文化名城保护情况专题调查简报之二》（《政协全国委员会专门委员会简报》1994年11月15日，全国政协办公厅秘书局提供）

清末雷峰塔（选自网络）

复建后的雷峰塔

雷峰塔遗址

当前的杭州城市规划，如西溪湿地自然保护区、古运河文化建设、"良渚文化遗址"保护、西湖列入世界文化遗产等，这些重大举措和所取得的重要成果，都不同程度地受到调查团建言献策的积极影响。

提倡"软件"保护　突出泉州特色

1994年10月22—25日，"历史文化名城保护情况"调查团在福建泉州市进行调查。

调查团考察了洛阳桥。泉州洛阳桥始建于宋代，原名万安桥，为现存最早的跨海梁式石桥，是列入全国重点文物"八五"规划的一个项目，也是新中国成立以来福建省规模最大的文物修复工程，1988年被列为"第三批全国重点文物保护单位"。钱伟长说："抢修洛阳桥这类全国重点文物要特别慎重。要从修复文物事关弘扬民族文化、民族精神的高度来认识，要贯彻'保护为主，抢救第一'的方针。让众多的文物古迹，在新时期焕发出生机和活力。"如今，泉州申报世界文化遗产的22处代表性古迹遗址中就有洛阳桥。

第二部分　钱伟长与文化遗产保护——纪念钱伟长诞辰110周年　87

《历史文化名城保护情况专题调查简报之三》（《政协全国委员会专门委员会简报》1994年11月15日，全国政协办公厅秘书局提供）

泉州洛阳桥

泉州洛阳桥全景

位于洛阳桥南的蔡忠惠公祠（选自网络）

蔡襄为其倡建的万安桥撰书《万安桥记》碑（局部）（选自网络）

泉州天后宫（选自泉州天后宫官网）

调查团考察了泉州天后宫。这里是妈祖信仰传播的发祥地之一，也是闽台关系史博物馆所在地。钱伟长对妈祖的事迹和闽台节日供奉的盛况很是关心。当得知1996年天后宫要举行建宫800周年大庆时，便对该馆负责同志说："我们应当以此为契机，抓紧做好维护维修工作，以便今后吸引更多的台胞侨胞和国外友人来参观，

《钱伟长考察苏州杭州泉州福州时指出切实保护好历史文化名城》
（1994年10月29日《泉州晚报》，泉州市档案馆提供）

使之成为海内外传统文化教育的重要阵地，为促进两岸和平统一作出贡献。同时，有力促进历史文化名城的经济繁荣。这也正是保护历史文化名城的社会效益和经济效益所在。"

泉州市的"南音""梨园戏""木偶戏"等珍贵艺术品种，以其独特的风格和深厚的传统文化积淀而闻名海内外。钱伟长对此倍感兴趣。他说，泉州在历史文化名城的"软件"保护方面做了不少工作，比如学校里规定小孩子必须学唱"南音"等传统艺术，做这样的工作并不需要用很多钱，但它产生的影响是深远的。

钱伟长指出，历史文化名城的内涵，不仅是文物古迹等"硬件"，也包括像"南音""木偶戏""梨园戏"等反映当地历史文化的"软件"，这些都要保护。文化有时是在民间的，在发展经济的时候，它们往往会受到冲击而陷于困境。泉州在做这方面的保护工作，并且取得了成绩，这是一条好经验。

明确福州定位　重视爱国教育

1980年、1983年、1984年，钱伟长曾三次到福建考察、讲学，为福州市的建设和发展提出了很多宝贵的意见和建议。

1980年，钱伟长应时任福建省委书记项南的邀请参观福建马尾港时，发现港口已经严重淤积弃用，有人提出建设新港，但耗资巨大。钱伟长建议在对岸水中堆积卵石，束水攻沙，仅用100多万元，就解决了本需耗资10亿元人民币的问题。而这一妙计也是钱伟长在中国古代的水利工程的科学技术中汲取的智慧。

福建马尾港（纪录片《国家记忆》截图）

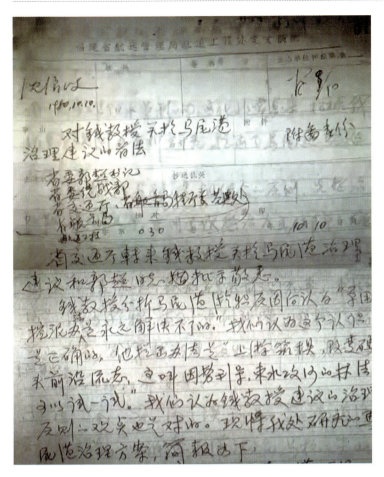

对钱伟长关于马尾港治理建议的看法（纪录片《国家记忆》截图）

1983年5月，钱伟长随全国政协委员一行赴福建考察、讲学，根据福州的特色提出了很多规划建议。他说："福州可建成中国东南沿海的明珠，在规划中要明确城市的性质和定位，要打造成全省政治、经济、文化、教育和科研的中心；突出历史文化名城的特点，重视文物保护工作。"

1994年10月26—28日，钱伟长率领全国政协"历史文化名城保护情况"调查团，再次到福州市进行调查。

钱伟长强调："城市要发展，特色要保护，关键在于处理好这两者之间的关系，绝不可把保护与发展对立起来，认为保护名城会影响经济发展，会妨碍改革开放，甚至当作包袱；也不能片面追求眼前的经济利益，造成破坏性开发，而是要通过积极开发，发展新区，来促进古城的保护。"

调查团对福州兴建了马江海战纪念馆，修复林则徐祠堂、林觉民故居、邓拓故居等表示赞同和肯定。

钱伟长说："要抓内涵就得保住一些建筑，如一些历史人物的故居。它反映了福州光辉的历史，反映了福州人在我国近代史这个历史阶段中是先驱者。这批人现在仍然为全国人民所敬仰。这是福建人民也是福州人民的骄傲。现在我们一方面要搞经济

《历史文化名城保护情况专题调查简报之四》（《政协全国委员会专门委员会简报》1994年11月15日，全国政协办公厅秘书局提供）

建设，一方面也要让我们的小孩子们知道我们这个民族是历代人经过千辛万苦才达到目前这样一个地步的。我认为，保护和利用历史文化名城不仅仅是个物质方面的问题，也是个精神上的问题。我们要拿历史文化名城所包含着的优秀的民族精神来教育我们的后代。"

如今，福建的历史文化名城保护取得了一定成效。目前全省拥有世界文化与自然遗产3处、国家历史文化名城4座、历史文化名镇3个、历史文化名村9个、全国重点文物保护单位84处，省级历史文化名城510座，"福建土楼""海上丝绸之路：泉州史迹"已列入《世界遗产名录》，全省有百余座各种类型的博物馆（纪念馆），这些美丽的历史文化名城和丰富多彩的文物，形象生动地展示着福建历史文化的精华。

呼吁设立历史文化名城保护专项资金

我国历史文化名城的保护始于1982年，但中央一直未列专项资金，有关保护政策在一些地方难以落实。钱伟长在历史文化名城保护情况调查中了解到，地方普遍反映保护资金匮乏。钱伟长对此高度重视，在调查结束回京后及时致函时任国务院总理朱镕基，建议设立国家历史文化名城保护专项资金，并健全相关法规，借以昭示国家对历史文化名城保护工作的重视和支持。朱镕基同志很快作出批示，采纳了该意见。

"九五"期间由国家计委和财政部每年各下达专项资金1 500万元，主要用于历史街区的基础设施改善和环境整治，1997年该专项资金正式下发地方。专项资金在"十五"期间由国家发展改革委员会提供补助，且数量增加较多，最多时五年达近10

亿元。后来除了补助历史文化名城的基础设施建设外，还可用于公有历史建筑的修缮，也补助了不少中国历史文化名镇名村的基础设施改善。

专项资金的补助带动了地方资金的投入，提高了地方政府的保护意识，宣传了正确的保护方法，改善了历史文化街区及名镇名村的基础设施和群众的生活水平，具有重要意义（傅爽：《一些值得回忆的事情》，"中国城市规划"2023年3月17日）。

3. 文物盗窃和走私调研

在20世纪80年代和90年代，我国文物盗窃和走私犯罪活动十分猖獗，众多文物古迹遭到破坏，许多珍贵文物和艺术品被走私出境，造成我国历史文化遗产的重大损失。这引起了全国政协委员的关注。时任全国政协副主席钱伟长曾带队调研文物盗窃和走私事件并提出修缮相关法律等重要意见。

高度重视莫高窟壁画被盗事件

敦煌莫高窟开凿于十六国时期至元代，前后延续约1 000年，是我国古代文明的璀璨艺术宝库，也是古代丝绸之路上曾经发生过的不同文明之间对话和交流的重要见证。1961年，国务院公布莫高窟、榆林窟为全国重点文物保护单位。1987年，莫高窟作为文化遗产被列入《世界遗产名录》。

敦煌莫高窟

敦煌莫高窟外景

　　1900年，西方探险家斯坦因来到敦煌，仅用4锭马蹄银就向当时看守洞窟的王圆箓道士换走了藏经洞中24箱经卷和5箱绢画、刺绣。在斯坦因之后，法国人伯希和、日本人桔瑞超、俄国人奥尔登堡等都曾前往莫高窟盗宝，几乎将整个藏经洞搬空。莫高窟藏经洞的遭遇，可以说就是近代中国文物惨遭流失的缩影，这种情况一直延续到新中国成立才得到遏制。

　　1989年，莫高窟465号窟壁画再次被盗，一整块壁画被割取盗走，所幸案件不久即被警方破获，壁画得以修复还原。此案后来还被公安部定为"1989年十大案件"之一。

莫高窟465号窟中心圆坛殿堂窟和窟顶五方佛图的藻井（选自敦煌研究院官网）

面对此类文物盗窃事件，时任全国政协副主席钱伟长及多位全国政协委员在全国政协会议第七届全国委员会的提案中建议：国家文物部门和公安部门应协同狠抓这类文物大案要案；追究这类文物大案案发单位的领导责任；全国人大常委会对现行刑法中，关于盗窃走私文物的罪犯应充分修订大案要案和监守自盗者从重判刑的律条。

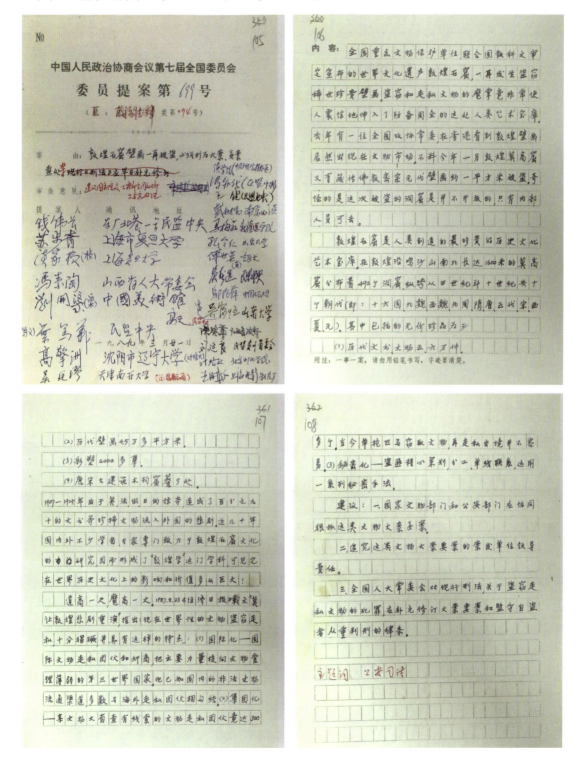

1989年，以钱伟长为代表的委员在全国政协会议上关于敦煌莫高窟壁画被盗事件的提案（手稿）（上海大学图书馆藏）

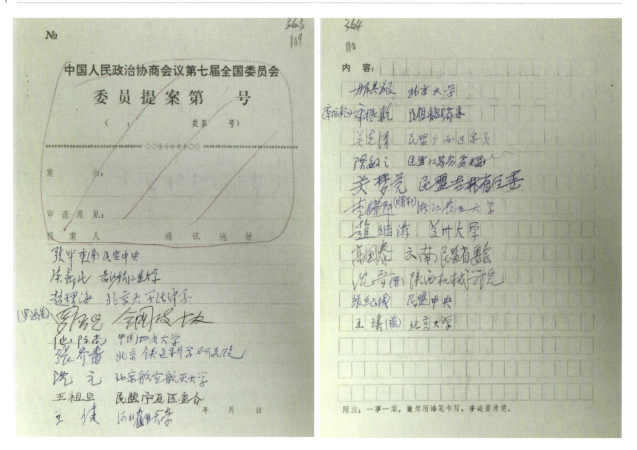

1989年，以钱伟长为代表的委员在全国政协会议上关于敦煌莫高窟壁画被盗事件的提案签名（上海大学图书馆藏）

组织开展文物盗窃和走私调研

钱伟长对于我国文物盗窃事件一直十分关心。1998年8—10月，钱伟长率领由全国政协教科卫体委员会会同公安部、海关总署、国家文物局组成的打击文物盗窃和走私犯罪活动联合调查组进行了专题调研。调查组首先听取公安部、海关总署、国家文物局关于打击文物盗窃和走私犯罪活动的情况介绍，考察了中国历史博物馆（现中国国家博物馆）、故宫博物院和北京市的文物市场；而后赴陕西的西安、宝鸡、咸阳和广东的广州、深圳、中山、珠海等市进行调查，实地考察了博物馆、考古发掘现场、文物市场、海关、边防口岸、海上缉私基地等。钱伟长还分别主持召开专题座谈会，与陕西、广东两省党政领导及有关部门负责同志进一步就加强打击文物盗窃和走私工作进行了广泛深入的研讨。

经过调查，联合调查组认为，近年来我国打击文物盗窃和走私工作取得了显著成绩，但与党中央、国务院对文物保护、打击文物犯罪的要求还有很大的差距，打击文物犯罪的力度还不够，全国文物安全形势很严峻。

第二部分　钱伟长与文化遗产保护——纪念钱伟长诞辰110周年

1998年9月，钱伟长在法门寺视察（选自网络）

1998年9月，钱伟长在法门寺视察（全国政协办公厅秘书局提供）

1998年12月4日，政协全国委员会办公厅《报送〈关于进一步加强打击文物盗窃和走私工作的建议〉》（全国政协办公厅秘书局提供）

调查组对进一步加强打击文物盗窃和走私工作提出建议：要提高保护文物重要性的认识，加强文物保护的宣传教育工作；国家要尽快修订和完善《文物保护法》，进一步充实和完善文物保护的法规体系。建议国务院责成国家文物局尽快出台《文物拍卖管理办法》《文物市场管理办法》及基本建设施工中保护文物古迹的规定。

调查组还建议，要加大文物保护资金投入，尽早设立国家文物保护基金；进一步开放和规范文物市场；建立多层次的打击文物犯罪情报信息网络及情报信息通报制度；继续加强在打击文物犯罪方面的国际合作；制定盗窃、走私文物移交办法，设立深圳、珠海文物鉴定站等。

4. 行走在各地的文保足迹

钱伟长在各地考察访问时都不忘关注当地的文化遗产事业，临安钱王故里、毕节大方奢香博物馆、麦积山石窟、随州博物馆、青州博物馆等地都留下了钱伟长的足迹。

临安寻根问祖　弘扬钱王文化

钱伟长是著名钱氏后裔中主动寻根问祖的第一人。作为吴越钱王第三十五世孙，钱伟长曾先后五次回临安寻根问祖，大力弘扬钱王文化，并带动"钱王热"寻根热潮，促进了吴越文化这一珍贵的历史文化遗产的保护和传承。

1990年5月9日，钱伟长与夫人孔祥瑛考察了钱王陵园。钱伟长关心钱王陵的修复事宜，听取了相关汇报。他提出的"寻根认同，共振中华"倡议，成为海峡两岸钱氏后裔们的共识。他在担任全国政协副主席和中国和平促进会会长期间，运用祖先钱镠及钱弘俶纳土归宋的历史故事，为促进海峡两岸和平统一做了大量的工作。在钱伟长的带动和影响下，世界各地钱氏家族纷纷来寻根祭祖。

1990年，钱伟长偕夫人孔祥瑛回临安寻根祭祖（杭州市临安区吴越国王陵管理所、杭州市临安区钱镠研究会提供）

1990年，钱伟长回临安寻根祭祖（杭州市临安区吴越国王陵管理所、杭州市临安区钱镠研究会提供）

第二部分　钱伟长与文化遗产保护——纪念钱伟长诞辰110周年

1990年，钱伟长回临安寻根祭祖（杭州市临安区吴越国王陵管理所、杭州市临安区钱镠研究会提供）

1994年，临安钱王祠重建完成。钱伟长为钱王祠题写了匾额，并赠送给当地管理部门。

钱王祠

1996年10月16日，钱伟长和夫人孔祥瑛第二次视察钱王陵园，仔细观看了钱王祠内陈列的资料，并考察了天目山、青山湖，一再要求当地要保护好生态环境。

1996年，钱伟长偕夫人孔祥瑛回临安寻根祭祖（杭州市临安区吴越国王陵管理所、杭州市临安区钱镠研究会提供）

2002年6月8日,钱伟长第三次回到临安,参加在钱王陵园祭祀广场举行的"纪念钱武肃王诞辰1150年暨钱镠铜像揭幕仪式",并为钱镠铜像揭幕。

2002年,钱伟长回临安寻根祭祖(杭州市临安区吴越国王陵管理所、杭州市临安区钱镠研究会提供)

2005年4月25日，临安举行钱王文化旅游节，钱伟长应邀参加并拜谒钱王陵墓。

2005年，钱伟长参加钱王文化旅游节（杭州市临安区吴越国王陵管理所、杭州市临安区钱镠研究会提供）

2005年，钱伟长参加钱王文化旅游节（杭州市临安区吴越国王陵管理所、杭州市临安区钱镠研究会提供）

2007年6月2日，钱伟长再次回到临安考察钱王陵园，到钱王陵墓前拜谒钱武肃王，敬献花篮，了解临安经济社会发展情况。

2007年，钱伟长考察钱王陵园（杭州市临安区吴越国王陵管理所、杭州市临安区钱镠研究会提供）

吴越文化是鞭策后世的精神遗产。2011年,"钱王传说"被列入第三批国家级非物质文化遗产。2014年,"清明恭祭钱王"列入浙江省传统节日保护基地和杭州市非物质文化遗产。临安区目前正高标准推进吴越国王陵国家考古遗址公园建设,"吴越文化"已入选首批浙江省文化标识培育项目。

三访武夷胜境　关心开发保护

1979年,钱伟长首次到福建崇安县(现武夷山市)视察,强调一定要大力支持武夷山风景区的建设。他在全国政协会议上提议让192医院搬迁外地,为以后的武夷山风景区环境保护起到了积极作用。

1990年4月,钱伟长第二次到武夷山考察,游览九曲溪后欣然题词:"武夷山探胜奇巧秀绝,九曲溪飘筏清静幽逸。"高度赞美武夷山的清幽奇秀、巍峨壮丽。

2002年2月,钱伟长第三次到武夷山考察。钱伟长强调,武夷山在获得世界双"世遗"名录以后不仅要加强科学管理、合理利用、持续开发建设保护,还要整体提高武夷山的审美水平,挖掘武夷文化的内涵;武夷山定位在文化遗产的旅游名山,武夷山的村镇、民居就是富含武夷文化的旅游资源。

钱伟长在武夷山鉴赏岩茶叶色(选自《武夷奇茗》)

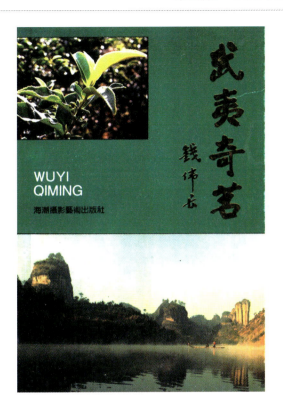

钱伟长为《武夷奇茗》题写书名

走访毕节古迹　强调遗产保护

1988年，国务院批准建立了毕节"开发扶贫、生态建设"试验区。由此，开启了黔西北乌蒙山区改变千年闭塞落后面貌的伟大创举。时任全国政协副主席钱伟长连续担任毕节试验区专家顾问组第一、第二、第三届组长和第四届总顾问，曾五次赴毕节考察、指导工作，对试验区的经济和社会发展作出重要贡献，并对当地的文化遗产保护提出建议。

1997年5月，钱伟长参观大方奢香博物馆（毕节政策研究室提供）

1988年，钱伟长在大方参观该县生产的漆器工艺品后欣然挥毫题词："发扬民族风韵绚丽多彩的工艺传统。"

1999年5月18—19日，毕节开发扶贫生态建设试验区十年总结暨研讨会在毕节隆重举行。86岁高龄的钱伟长参加会议并发表讲话。会后，钱伟长偕夫人孔祥瑛来到国家重点文物保护单位——毕节大屯彝族土司庄园参观考察，他要求文化、文史部门认真加以保护。

考察山西古迹　强调保护利用

1995年6月5日至7月4日，钱伟长赴山西进行了为期一个月的视察，走访了山西南北7个地市，考察了乔家大院、晋祠、平遥古城、张壁古堡、丁村、侯马金代墓遗址和博物馆、永乐宫、佛光寺、云冈石窟、上下华严寺等文物古迹，行程4 000余公里。

钱伟长说，山西是文物大省，要做好文物保护和开发利用这篇大文章，并提出了许多具体的意见：一要保护好文物。不能只发掘文物，也要有选择地把价值极高的遗址保护下来。各地市的文物仓库很简陋，不安全，应改进。解州关帝庙排水问题应解决。永乐宫壁画很宝贵，过多地让人观摩游览对原画造成的损害太大，应以复制品展

1995年，钱伟长在山西视察的报道（山西省政协办公厅提供）

出。山西大学可建立文物保护系,培养相关人才。二要严厉打击文物走私。三要加强文物修护工作。要修旧如旧,不能修旧成新。云岗石窟防风化防污染问题要尽快解决,运煤车可以加盖,既防石雕污染,又可防止浪费。钱伟长对山西的领导同志说:"山西的全国政协委员可写提案,我在京联系一些委员呼吁此事。"四是要搞好文物展示,发挥其研究与教育作用。文物是教育人的,不能成为仓库里的秘藏品。

钱伟长说,山西是文物大省,也是旅游资源大省。山西的旅游,一要突出特色,不是一般的风景旅游,而是以文物为依托的旅游,使之富有很强的教育意义。工作人员要懂历史,文物点的指示牌和说明书,不仅要标明朝代,更应该标明公元纪年。要解决旅游交通问题,吸引游客,开发旅游产业。(赵政民:《钱伟长的深度山西行——1995年钱副主席视察略记》,《文史月刊》2019年第12期)

参加文化活动　关心文博事业

1987年11月,钱伟长偕夫人孔祥瑛考察大理博物馆。

1987年,钱伟长与夫人孔祥瑛参观大理博物馆并与讲解员合影(上海大学图书馆藏)

1987年11月14日,钱伟长为和顺图书馆题词:"腾越文化先声。"

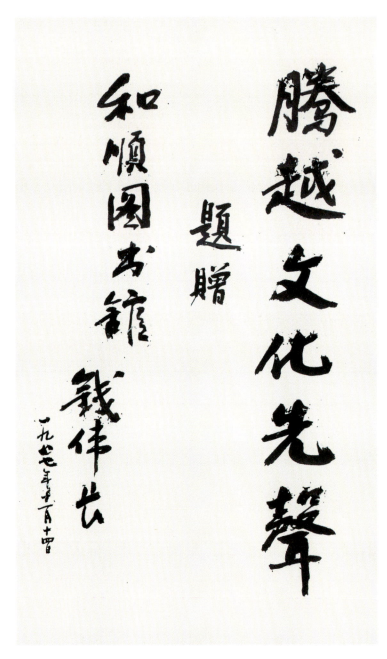

1987年11月,钱伟长为和顺图书馆题词(和顺图书馆提供)

1991年6月15日，钱伟长考察随州博物馆，并为随州博物馆题写了馆名。

1991年，钱伟长考察随州博物馆（随州博物馆提供）

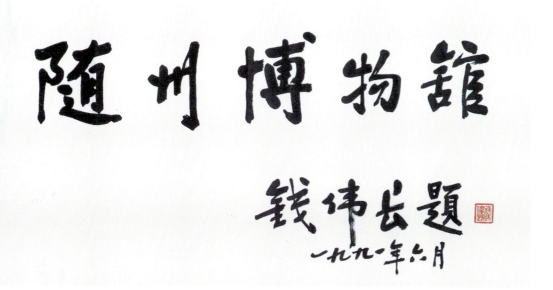

1991年，钱伟长为随州博物馆题词（随州博物馆提供）

1991年，钱伟长考察随州博物馆（随州博物馆提供）

1991年8月6日，钱伟长在参观麦积山石窟时题词："中华文化艺术历史的瑰宝。"

1991年8月6日，钱伟长为麦积山石窟题词（上海大学图书馆藏）

1993年6月14日，钱伟长参加首届中国湖北烈山炎帝神农节，与夫人孔祥瑛一起聆听了编钟演奏，他深有感慨地说："曾侯乙墓文物比陕西兵马俑内涵丰富得多，科研价值也高得多，我要好好地研究。"

钱伟长参加黄帝陵基金会成立大会的邀请函（上海大学图书馆藏）

1993年，钱伟长高兴地敲击曾侯乙编钟（随州博物馆提供）

1997年10月5日，钱伟长与夫人孔祥瑛参观视察了青州博物馆。

1997年10月，钱伟长视察青州博物馆（青州博物馆提供）

2001年6月18日，钱伟长参观孔庙。

2001年6月，钱伟长参观孔庙（上海大学图书馆藏）

2001年7月20日,钱伟长在时任山东省政协副主席孔令仁陪同下视察青州博物馆。

2001年7月,钱伟长视察青州博物馆(青州博物馆提供)

钱伟长参观广西民族文物苑。

钱伟长参观广西民族文物苑（捐赠资料）

钱伟长参观广西民族文物苑（捐赠资料）

三、保护和弘扬汉字文化

汉字是我国重要的文化遗产和文化载体,见证了中华文化的源远流长,是进行语言通信、思想交流的重要工具。然而,随着计算机应用的发展,汉字如何输入电子计算机曾遇到了困难,"汉字落后论"一度甚嚣尘上。钱伟长意识到这一事件的严重性,他奉行着"国家的需要就是我的专业",投身电脑汉字输入法问题的研究,发明了宏观字形部件编码("钱码"),解决了这一技术难题,促进中文信息处理发展和汉字的现代化。他还提倡"一国两字"(简化字、繁体字),加强两岸文化的交流。

1. 批驳"汉字落后论"

1979 年,有外国专家在国际会议上公开宣称:"只有拼音文字才能救中国,因为汉字无法进入电脑。"次年,钱伟长看到中国汉字拉丁化的权威刊物《语文现代化》丛刊第一期的一篇文章中宣称:"方块汉字在电子计算机上遇到困难,好像一个行将就木的衰老病人。历史将证明,电子计算机是方块汉字的掘墓人,也是汉语拼音文字的助产士。"其后,有人还列举出汉字的"三多五难",即"字数多、笔画多、读音多",因而"难认、难读、难写、难记、难用"。半个世纪前那场废除汉字的狂潮,似乎风云再起。而这一次,不仅仅是意识形态的问题,更有扑面而来的信息时代推波助澜。钱伟长认识到这一问题的严重性与紧迫性。

1980年,钱伟长率团参加了在香港举行的国际中文计算机会议。会议期间,还专门参观了美国IBM公司与王安公司的中文输入电脑。IBM的中文输入键盘是日本人设计的,十分烦琐。钱伟长认为中国人完全可以解决汉字的现代化问题。

面对"汉字落后论"甚嚣尘上,钱伟长认为计算机中文输入关系10亿人口的前途,中国必须掌握这一技术。他以强烈的民族自尊心与责任感,于1981年6月27日发起成立"中国中文信息研究会"(现"中国中文信息学会"),当选为理事长,并投身电脑汉字输入法问题的研究。

中国中文信息研究会自成立后,密切联系中文信息处理学科领域的科技人才,倡导"创新、求实、协作、奉献"的精神,为我国中文信息处理科学技术事业发展作出了突出贡献。中国中文信息研究会创办了专业学术刊物《中文信息学报》,为学会的可持续发展奠定了坚实的基础。中国中文信息研究会设立"钱伟长中文信息

《四化建设迫切需要中文信息》(《科学与生活》1981年第6期,中国中文信息学会提供)

处理科学技术奖"等多个奖项，表彰、奖励本领域优秀科技成果及有成就的专业人士，发现并推荐中文信息处理学科领域的人才和科技工作者，为社会发展与经济建设贡献了力量。

1987年8月，中国中文信息学会召开中文信息处理国际会议，钱伟长与部分参会者合影（中国中文信息学会提供）

1987年8月，中文信息处理国际会议期间，钱伟长理事长、许孔时副理事长与副秘书长欧阳轵能亲切交谈（中国中文信息学会提供）

2006年9月,中国中文信息学会副理事长兼秘书长曹右琦看望钱伟长院士(中国中文信息学会提供)

2012年12月7日,"钱伟长中文信息处理科学技术奖"及"汉王青年创新奖"颁奖仪式(选自网络)

《中文信息学报》1986年第1卷第1期(上海大学图书馆藏)

2. 发明"钱码"

中文信息处理计算机化是汉字变革的一个重要特征。计算机汉字输入编码是实现中文信息计算机处理的关键，对于在我国普及计算机，实现管理科学化、情报工作自动化、印刷排版现代化、汉字通信网络化等都具有重要意义。1984年，钱伟长提出宏观字形部件编码法即"钱氏汉字电脑输入法"，对在电脑中应用汉字输入法有开山之功。

汉字源于图画符号，是一种象形文字，字数多，笔画多，每个汉字包含了字形、字音、字义三个要素，同时载有形、音、义等汉字全部信息。钱伟长根据汉字结构特点，提出宏观字形编码法则。汉字宏观字形编码也被称为"钱码"。

"钱码"方案共定义了8种基本笔画和163个基本部件，使用43键标准西文输入键盘，能处理国家标准《信息交换用汉字编码字符集基本集》（GB 2312—1980）中的6 763个汉字（其中第一级汉字3 755个，第二级汉字3 008个），达到了输入击键次数少、码长短、速度快的效果。

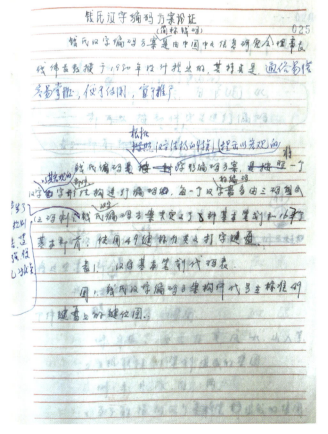

汉字宏观字形编码（"钱码"）研究内容简介
（上海大学档案馆藏）

1984年7月，钱氏汉字编码方案论证
（上海大学档案馆藏）

"钱码"为中文信息技术的研究提供了新的方法,对开发中文计算机系统有着重要的意义,并在办公室自动化、企业管理、情报检索、银行业务、文字编辑以及档案管理等方面起着积极的作用。

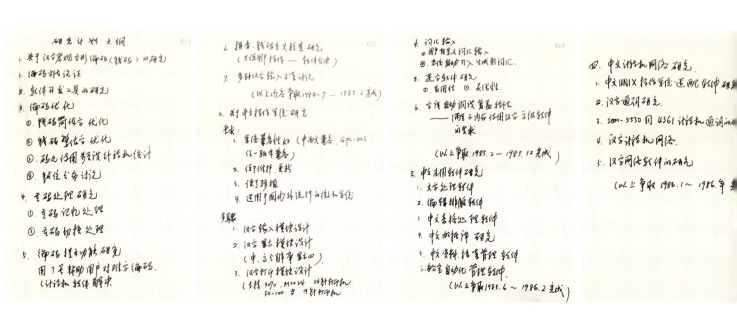

"钱码"研究计划大纲手稿(上海大学档案馆藏)

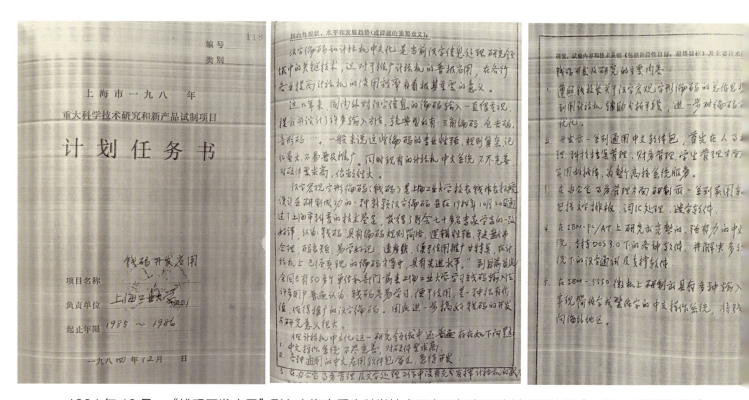

1984年12月,"钱码开发应用"列入上海市重大科学技术研究和新产品试制项目计划(上海大学档案馆藏)

"钱码"是一种简单易学、通俗易懂的新颖计算机汉字输入法。根据人们长期使用的习惯及普通接受的识字规律,并结合汉字结构的特点,提出将一个汉字以其宏观的字形进行编码,使编码方法尽可能与人们的识字规律相吻合。这在编码方法上是全新的,并具有编码规则简洁、逻辑性强、易学好记、便于使用和推广等特点。在"钱码"方案中,任何一个复杂汉字(简体、繁体)均只需输入三码,输入速度快,使用效率高。

"钱码"的词组输入方式也是早期开创性工作。钱伟长设计宏观码并作出了部件定义,虽然没有进一步阐释,但为人们对部件的深入研究奠定了基础。

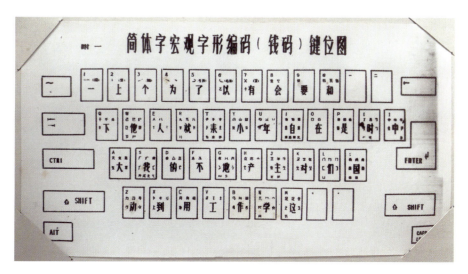

钱伟长撰写的关于"钱码"A韵、AI韵、AN韵等的手稿影印件(上海大学档案馆藏)

简体字宏观字形编码(钱码)键位图(上海大学档案馆藏)

 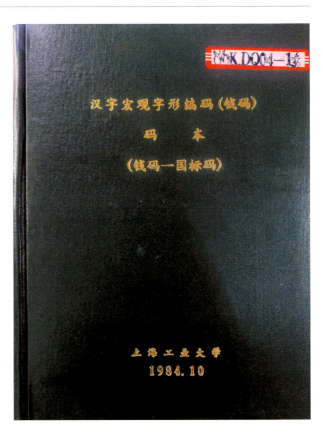

钱伟长编写的汉字笔形代码表手稿
（上海大学档案馆藏）

汉字宏观字形编码（钱码）码本（钱码—国标码）
（上海大学档案馆藏）

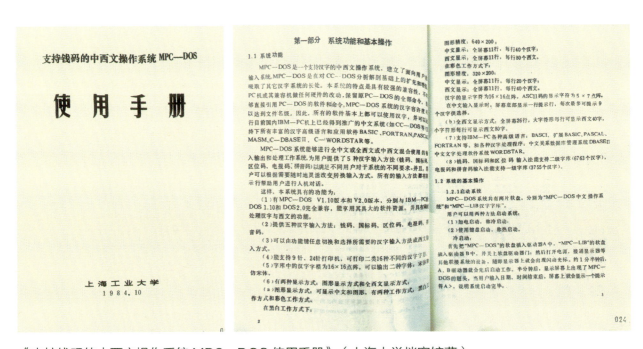

《支持钱码的中西文操作系统MPC—DOS使用手册》（上海大学档案馆藏）

1984年10月,上海市科委技术鉴定会通过了汉字宏观字形编码(钱码)方案。1986年,在国家标准局组织的全国首届汉字输入方案评测会中,经过40天的严格训练测试,"钱码"输入法被评为A类方案。同年在北京举行的全国编码比赛中,"钱码"因单人输入速度第一获得甲等奖,还获得上海市科技进步二等奖。IBM公司中文电脑决定舍弃"日码",转而采用"钱码"。

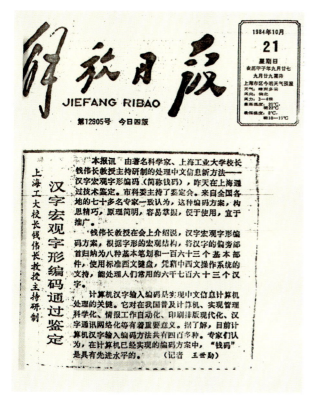

《汉字宏观字形编码通过鉴定》(1984年10月21日《解放日报》,上海大学档案馆藏)

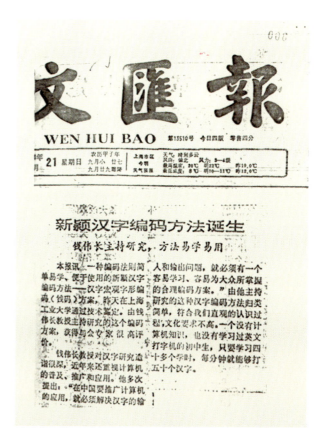

《新颖汉字编码方法诞生》(1984年10月21日《文汇报》,上海大学档案馆藏)

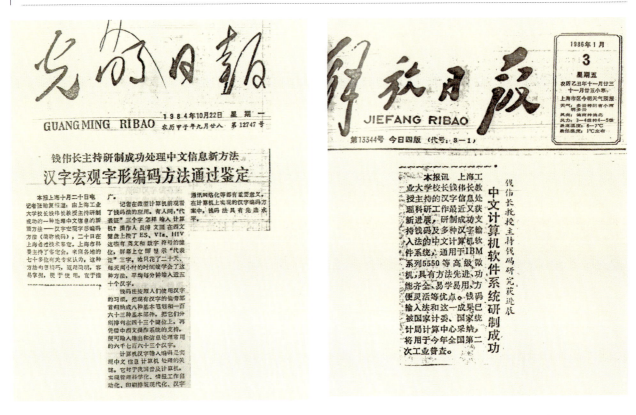

《汉字宏观字形编码方法通过鉴定》（1984年10月22日《光明日报》，上海大学档案馆藏）

《中文计算机软件系统研制成功》（1986年1月3日《解放日报》，上海大学档案馆藏）

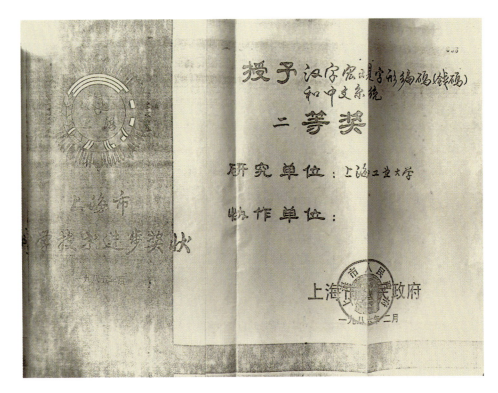

汉字宏观字形编码（钱码）获上海市科学技术进步奖二等奖证书影印件（上海大学档案馆藏）

3. 提倡"一国两字"

在"钱码"开发成功后,钱伟长又致力于弘扬汉字文化。1988年9月,钱伟长会见台湾作家胡秋原。他们认为"汉字是继承中国文化命脉的载体",反对将汉字拉丁化,赞同"识繁用简"的主张,可按"一国两制"的构想,在两岸实行"一国两字",台湾用繁体字,大陆用简化字。在互相交流中,逐渐做到繁中有简、简中有繁。

1988年9月15日,钱伟长在京会见胡秋原

钱伟长为《胡秋原传》出版题词

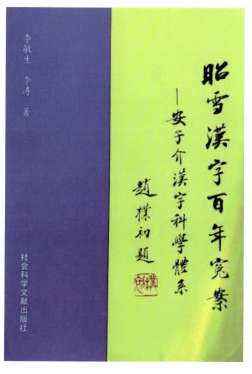

《昭雪汉字百年冤案——安子介汉字科学体系》书影

钱伟长曾在《汉字文化》上发表的文章中、在为《昭雪汉字百年冤案——安子介汉字科学体系》(李敏生、李涛著,社会科学文献出版社1994年版)所作的序言中多次指出:"是因为我受了气。"所以,在"钱码"开发成功后,钱伟长又致力于让"汉字文化"插上翅膀,在神州大地飞翔起来。

1991年3月31日，钱伟长与爱泼斯坦在"汉字是科学、易学、智能型国际性的优秀文字"学术座谈会上交谈

为了弘扬祖国优秀的传统文化，振奋自尊、自信、自强的民族精神，北京国际汉字研究会（原汉字现代化研究会）、北京晓园语文与文化科技研究所、《汉字文化》杂志社于1991年3月31日在北京召开"汉字是科学、易学、智能型国际性的优秀文字"学术座谈会。座谈会上，钱伟长说：汉字是符号文化，有资格成为国际文字。座谈会还宣布：为弘扬祖国优秀传统文化，适应海峡两岸日益广泛而密切的发展，大陆与台湾学者成立"海峡两岸书同文促进会筹备会"，钱伟长担任名誉会长。

1991年3月31日，"汉字是科学、易学、智能型国际性的优秀文字"学术座谈会

1、雷洁琼、袁晓园
2、费孝通、安子介
3、钱伟长、爱泼斯坦
4、徐维诚
5、张友渔
6、周祖谟
7、张寿康、许嘉璐
8、胡厚宣
9、李志坚、徐德江、王宗尧
10、柴泽民、王照华
11、华绍和、辛冠洁

1991年8月29—30日,"海峡两岸汉字学术交流会"在北京举行,这是海峡两岸语言文字工作者举行的第一次关于汉字学术问题的交流会。钱伟长在开幕式上发表讲话。台湾学人赠给北京国际汉字研究会的纪念牌上写着:"同文同德,同语同心。"

1991年8月29日,钱伟长在"海峡两岸汉字学术交流会"上讲话

1993年10月27—29日,钱伟长在北京主持召开"首届汉字文化周学术研讨会",并任汉字文化周组委会主席。他在开幕式上开宗明义:"中华文化,源远流长,博大精深,在世界文明发展进程中具有十分重要的地位和影响。汉字文化作为中华文化的基本组成部分,无论是对中华文化的发展、传播,还是对世界文明的发展进化,都曾经产生并且还在不断产生无可替代的巨大作用。"

首届汉字文化周组委会主席钱伟长在开幕式上的讲话

各位贵宾、朋友们、同志们：

首届汉字文化周，经过两个多月认真紧张的筹备，今天在这里隆重开幕了。首先，我代表本届汉字文化周组织委员会向各位贵宾、朋友、同志们表示热烈的欢迎，同时，也借此机会向一切理解、支持和帮助汉字文化研究、发展与传播的海内外朋友表示衷心的感谢。

中华文化，源远流长，博大精深，在世界文化发展进程中具有十分重要的地位和影响。汉字文化作为中华文化的基本组成部分，无论是对中华文化的发展、传播，还是对世界文明的发展、进化，都曾经产生并且还在不断产生无可替代的巨大作用。毕昇活字印刷术的发明和应用，是世界文化传播中的重要里程碑。而从甲骨文到现代汉字虽然造型上经历了一系列演进和变化，但基本的构架方法始终如一。汉字发展的各个阶段都保留了一大批重要的文化遗产。像《孙子兵法》等名著都是中华民族智慧的象征。汉字作为中华文化的载体，在我们的文化中占有重要的部分，我们有书法、诗词、对联，这些都是汉字文化所特有的。立体书法也将成为其中一种。

值得重视的是，汉字在历史上就是我们中华民族凝聚团结的纽带。中华文化是多民族融合的文化，文化融合则是我们中华民族大团结的基础。汉字早期也是与羌族文字和其他民族文字融合的产物。中国地域辽阔，民族众多，语言差异极大，但是「书同文」的汉字把我们联系起来。所以汉字又是维系我们民族的非常重要的东西，是几千年来中华民族得以团结统一的保证。今天，我们高兴地看到汉字文化仍在中华民族的团结和祖国统一方面发挥重要的作用，是沟通世界上十几亿华人最重要的桥梁。

我们相信，汉字文化必将对中华民族的发展和祖国的和平统一继续产生巨大的作用。在未来充满希望的二十一世纪里，汉字必将对增强中华民族的凝聚力，产生更加积极的作用。此外，我们还应看到，随着中国的改革与发展，世界上越来越多的人在学习汉语、研究汉字文化。汉字文化正在成为我国与世界各国朋友交流和发展友谊的重要内容。

近年来，汉字文化的发展，取得了许多突破性成果。汉字电脑输录、排版、印刷技术已进入世界先进行列。实践已证明，汉字的构造方法，从现代科学意义上说也是合理的。不仅简明、精炼，组词便捷，更具有会意、象形和联想几个特点。联想是种能力，是我们科学工作中最基础的也是非常重要的训练。中国儿童学习汉字，将有助于智力开发和学习能力提高。今后，随着立体汉字的应用发展，汉字不仅能适应当代信息社会的发展形势，而且能为塑造当代的社会文化提供新的方向和途径。

首届汉字文化周，是在改革开放继续深入发展、实现祖国和平统一大势所趋的大好形势下，为弘扬民族优秀传统文化、振奋民族精神、迎接二十一世纪挑战，而进行的一次重要文化活动。在文化周期间，要举办立体汉字艺术展、国际汉字文化学术研讨会和汉字艺术晚会。这些活动将从不同层面展示汉字文化的博大精深，展示汉字艺术的巨大魅力。

汉字文化周准备时间较短，尚不够完善，但确是一个良好的开端。希望大家能在短暂的时间里深化对汉字的理解和交流，增进友谊，以汉字文化为纽带开展多方面多层次的交流与合作。

预祝首届汉字文化周圆满成功！

谢谢各位！

1993年10月，钱伟长在"首届汉字文化周"上的讲话稿

面对"汉字在拖四个现代化的后腿"的说法,钱伟长以雄辩的事实向世人宣示:"汉字在计算机上输入的速度,每分钟已达六百至六百五十个字,这是拼音文字无法企及的。"他进一步指出:"阿拉伯数字全世界念得都不一样,但是写出来是一样的,你写出来大家都认得的。我们的文字就是这样。所以,觉得这是未来的国际文字。"钱伟长的观点,得到专家学者的高度评价。

正是包括钱伟长在内的有识之士的推动,由中华文化联谊会、中国艺术研究院和台湾文化总会联合主办的首届"两岸汉字艺术节"在北京举办,并于2011年春节前夕在台北"故宫博物院"等地举办相关活动。

1989年1月15日,钱伟长为《汉字文化》创刊题词(选自网络)

"书同文"是一份伟大的遗产

钱伟长

今年夏天我到了山东半岛最东端，号称"天尽头"的成山角。成山角北扼渤海海峡，南临黄海，角下暗礁重叠，波涛汹涌。谚语说："成山头、成山头，十个艄公九个愁"。当地的同志给我讲了一段故事，我现在转述给同志们参考。聊补不能应邀参加座谈会之憾。

在成山角的山上，现今还保留着一块杭州商人刻的大石碑。清康熙年间，这商人从杭州运丝绸到北方贩卖。航行到成山角海面上遇着风浪触礁船破，商人坠海浮沉，不知经过几日夜，漂到成山角的海滩，已昏死无知，被山东老乡发现，救醒了。山东老乡十分疑虑，问他是干什么的，从哪里来？无奈杭州商人听不懂山东话，山东老乡也听不懂杭州话。商人急中生智，就爬在沙滩上，用手指写画出字，简单说明贩绸货遇难原委。此后，山东老乡和杭州商人都用笔交谈。商人恢复健康返回杭州。过了一年，商人又贩丝绸到北方，专程在成山角登岸，向山东老乡们致谢，并且特意刻制这块石碑，写明上次遇难得救和山东老乡笔谈的情景。他表示如果不是我们有统一的文字可以交谈，可能自己就没命了。因此，他立碑极为赞颂秦始皇"书同文"的伟大。

我国十亿人民共有一份"书同文"的汉字遗产，历两千余年而生命不息，在世界上哪个民族能和我们相比？！仅以此赠与会同志，共勉之。

《"书同文"是一份伟大的遗产》（《汉字文化》1989年第Z1期）

习近平总书记强调："文物和文化遗产承载着中华民族的基因和血脉，是不可再生、不可替代的中华优秀文明资源。要让更多文物和文化遗产活起来，营造传承中华文明的浓厚社会氛围。要积极推进文物保护利用和文化遗产保护传承，挖掘文物和文化遗产的多重价值，传播更多承载中华文化、中国精神的价值符号和文化产品。"

在社会发展与城市更新的浪潮中，这些珍贵的文化遗产得以留存，跨越时空与我们相见，是因为国家的重视和一代又一代文物工作者的坚守，而这其中也有钱伟长守护的身影——广泛调研，积极协商，建言献策。今天，我们更加重视对文化遗产的保护。尤其党的十八大以来，我国加大文物和文化遗产的保护力度，在推进文物保护法修订、文物保护、文物价值利用、流失文物的追索返还、打击文物犯罪等方面，都取得了积极进展。历史文化名城、名镇、名村的保护和利用也有了质的飞跃。

上海大学人文学科在钱伟长校长的关心下奠定了坚实基础。近年来，学校持续推进学科发展战略，特别是文化遗产与信息管理学院的成立，积极参与"考古中国"三星堆遗址发掘、文物保护、博物馆建设以及长江口二号沉船打捞与保护等重大项目，极大地推动了文化遗产保护学科的发展。

回顾钱伟长的一生，参与文化遗产保护，仅是他服务国家社会的一个方面。科技报国，成为国之栋梁；投身教育，为国培养人才；关注社会，献出锦囊妙计。不求名利，赤诚奉献。山高水长，风范永存。

在钱伟长诞辰110周年之际，回顾他为文化遗产保护所做的贡献，缅怀我们"永远的校长"。

第三部分

钱伟长系列展览实践探索与研究

一、钱伟长与长江三峡工程文物保护规划的片段往事

2023年是著名科学家、上海大学的永远校长钱伟长先生诞辰110周年。上海大学在钱伟长先生诞辰110周年的纪念活动中，举办了"钱伟长与文化遗产保护"专题展览，系统呈现了钱伟长先生在保护历史文化遗产领域的重要活动、批示、呼吁、实地调查和学术思考，通过各类历史文献、档案史料、历史照片、文献手稿以及图片、视频等藏品，聚焦长江三峡工程中的文物保护规划、全国重要历史文化名城的保护、文物保护立法工作和汉字文化的保护和弘扬等四个单元，再现了钱老一生投身国家文化遗产保护事业的历史印迹和卓越贡献，也从一个侧面见证了他一生的宏愿即践行"国家的需要就是我的专业"。

配合该展览，我的同事们还利用上海大学图书馆和钱伟长图书馆微信公众号做了一系列的推文，其中三峡文物保护的相关推文中还结合我馆的图书收藏做了一期"三峡文物"相关主题图书的专题推文，除了介绍钱老在三峡文物保护规划中的重要指导工作外，还系统收集了三峡文物保护后续所取得的成果（《荐书丨钱伟长校长诞辰110周年钱伟长与三峡的故事》[①]）。这些后续的工作都大大延伸了展览的内容。

我本人因为在1993—1998年直接参与了长江三峡库区与迁建区民族民俗文物保护规划工作，和庄孔韶教授一起执笔撰写了《长江三峡库区民族民俗文物保护规划报告》[②]，也因为和三峡文物保护规划组组长俞伟超先生有师生之谊，有机会更多地了

解一些"内情"。钱校长领导全国政协考察团40多人，包含了许多学科专业的领导和专家，但重点是视察长江三峡文物保护工作。由于文物保护工作的前提是科学的考古调查和文物普查，只有摸清基本情况，才能做出科学规划。但是长期以来，在长江三峡地区的考古调查和文物普查都比较薄弱，如整个三峡地区的广大区域内，当时只有三处全国重点文物保护单位，主要原因不是因为没有，而是以往的调查和普查工作做得不够。如果按照当时列入各级文物保护单位名录的项目来实施文物保护和后续搬迁等工作，势必造成一大批埋藏在地下的、尚未知晓的文物古迹，遭到破坏和灭失。三峡工程是造福人类的工程，历史遗产也是重要的资源，不能以牺牲历史文化遗产为代价，否则后人会抱怨我们这一代人。但是依据什么标准、数量来进行文物保护，如何制定相应的搬迁方案呢？当时，各界的意见很不统一，有人认为既然目前各级文物保护单位的名单中只有这么多，那就按照这个名单来做保护方案好了。埋藏在地下的文物仅仅做一些地面的调查，其实也无法确切知道其性质、范围和等级，有很大的风险性。而且当时的经费切块中，文物保护经费属于移民经费的总盘子，所以就有人主张，历史文物属于"过去"，没有必要花费大量的资金投入保护工作，"死人要给活人让路"。三峡工程上马以后，围绕生态议题和文物议题的争论最多，文物保护问题又是一直不能定案的大问题。正是在这样的情况下，国家派出了由钱老带队的全国政协考察团。钱老既是全国政协副主席，也是科学家和战略家。

我在不少文章中看到类似以下的描述：1992年，第七届全国人大第五次会议通过了关于兴建长江三峡水利枢纽工程的决议，标志着湖北、四川（后整个三峡地区的川东地区划归重庆直辖市）两省进入以"三峡文物保护工程"为主题的新阶段。

这里，我需要对此加以纠正。三峡工程库区文物保护规划组是1994年才正式成立的，挂靠在中国历史博物馆（国家博物馆），由当时的馆长俞伟超任组长。全国政协考察团的考察时间为1993年9月24日至10月8日，早于文物保护规划组的正式成立时间。从某种意义上说，是全国政协三峡文物考察团的工作，促成了三峡文物保护规划组的成立。

钱老所率领的考察团近40人，由全国政协委员、著名文物专家、国家文物局和国务院三峡工程建设委员会办公室负责同志以及新华社、中央电视台、光明日报社等媒体记者组成，阵容庞大。他们乘船自重庆一路而下，至宜昌葛洲坝，沿途考察了三峡淹没区11个城市的22个文物点，召开了数次不同类型的座谈研讨会，每到一处，除了听取当地领导和文物干部的汇报外，考察团成员还实地研究、讨论，甚至现场"演算"，出谋划策，为三峡文物的保护提出了诸多重要的建议。以重点文物保护单位屈原祠为例，钱老两次视察秭归屈原祠。第一次是1991年5月22日，第二次是1993年10月2日。他说：秭归是屈原的故乡，历史悠久，是楚文化的重要组成部分，是湖北的文物重点县之一，仅在 180 米淹没线以下就有 100 多处文物，希望专家和学者对秭归县的考古工作给予指导。在屈原祠山门前，钱老接受中央电视台记者的采访：这次率团调查的目的，就是实地了解在三峡工程建设过程中，怎么样保护库区地面的文物，发现发掘地下的文物。他还谈到：在三峡库区文物保护中，必须运用好《文物保护法》这个法律武器；这次考察，也是进一步宣传《文物保护法》，使各方面都懂得在建设中保护文物。

又如，在考察白鹤梁题刻遗址时，政协常委梁从诫提出，这么重要的世界水文遗产要是能建一个"水晶宫"作为水下博物馆就可以实现保护与参观的统一。钱老现场请来水文专家，询问了丰水期、枯水期以及径流等初步资料，现场做了大致的演算，认为可行。2001 年 2 月，中国工程院院士葛修润先生提出以"无压容器"方式对题刻密集区进行原址水下保护的新方案构想——在白鹤梁题刻东区 50 米段的题刻密集区（包括重要题刻 138 则）构筑水下保护体，灌注经过过滤处理的江水，通过循环水系统使保护体内水压与外面长江水压达到动态平衡，在保护体内设置参观廊道与陆地连接，参观廊道使用潜艇技术，以承压窗口通视题刻，以系统解决今后保护、研究和参观的功能需要。该方式不久获得通过，2003 年开始建设，2009 年 5 月 18 日（国际博物馆日）正式落成并对外开放，这是世界首座水下博物馆，联合国教科文组织誉其为"世界首座非潜水可到达的水下遗址博物馆"。

钱老带领的考察团形成一系列的成果，其中最重要的就是强调一定要做好科学调查、科学规划，强调依法保护。

此次考察结束后不久，反映考察成果的图片专题展览在中国历史博物馆（今中国国家博物馆）举办，吸引了首都观众的普遍关注。

需要提及的是，在当年的 10 月 13 日，时任中共中央政治局常委、国家主席杨尚昆也专程到三峡考察，在秭归的屈原祠山门前，讲解员照例介绍了屈原祠沿革。杨尚昆问："这屈原祠是不是也要搬迁啊？""你们一定要做好保护工作。"当时的国家领导人朱镕基、李鹏等，在三峡考察中也都普遍强调文物保护的重要性。自此三峡文物保护纳入工作日程。三峡文物保护规划组随后正式成立，挂靠中国历史博物馆，由著名考古学家、中国历史博物馆馆长俞伟超担任组长，中国文化遗产研究院研究员黄克忠任副组长，中国社会科学院考古所副所长徐光冀、中国文化遗产研究院总工程师傅连兴等为专家组成员。文物保护规划经过两年多的时间终于"出炉"，第一次系统摸清了整个三峡库区和迁建区的文物面貌。随着三峡建设工程的加紧，1996 年 5 月，在国家文物局组织领导下，全国 30 家文博单位和 300 余名高校专业人员，开始了三峡库区文物的调查和规划的制定工作。2000 年 6 月，国务院三峡建设委员会正式审批将三峡库区 1087 处文物列入保护规划，其中涉及重庆库区的文物项目就达752处（包括地下文物506处、地面文物246处），实际工作中又不断增补，仅重庆地区的库区就增补35处之多。这些"普查"为此后的大规模发掘奠定坚实的信息基础。

在上海大学钱伟长图书馆三楼的"钱伟长纪念展"中，有一个非常不起眼的展区"钱伟长与文化遗产保护"，其中有一张"长江三峡工程库区地图"。这张大比例地图就是文物保护规划的"底图"，是地图出版社为三峡文物保护规划特制的，那时还没有电子地图，由多块地图拼接而成，仔细观察可以发现人工粘贴的痕迹。这张地图原本是挂在长江三峡文物保护规划组办公室墙上的，当原规划办办公室主任郝国胜教授知悉上海大学要筹建钱伟长图书馆（纪念展）的时候，他觉得三峡文物保护规划组应该送一份"礼物"给钱伟长图书馆作为展览和永久收藏，这张地图无疑是最有纪念意义和价值的物件,因为三峡所有的文物点规划都是先在这张"底图"上定位并清绘出来的。我在得知到这个消息之后，迅速赴京，取到这件"宝贝"后，第一时间安排徐志娟老师带回上海。

2021年，重庆市举办了"重庆考古百年"展，其中第二单元"探索：守护文脉（1950—1996）"中，专门展示"1993年全国政协钱伟长副主席视察三峡文物保护工作"的历史照片。在重庆考古百年的历史长河中，有无数个重要的历史事件，钱老并非考古学家，却得留英名。三峡工程是世界上最大的水利建设工程，影响广泛。配合三峡工程的文物保护任务艰巨，堪称世界上最大的文物保护工程。在重庆的当代历史大事年表中有如下记述："1997年至2008年，在国家文物局的领导和重庆市文物局的有效组织下，全国110家考古院所和高校的考古工作者数千余人苦干十多年，全面完成三峡文物保护考古工程，共完成地下文物考古项目541项，发掘面积131.3万平方米，出土各类文物标本约14.3万件，掀起了重庆历史文化研究的高潮，重庆考古事业空前发展。"

在三峡这场文物"抢救"的壮举中，各地考古工作者不负重托，奉献出自己的青春，甚至生命，在中国乃至世界的文物保护中留下了浓重的一笔！我想这一切的成就都与钱伟长先生有密切的关系。

（潘守永）

---

① https://mp.weixin.qq.com/s/0gXS_oEgtnkDe-eJcQh2lw，2024-4-20访问。
② 《长江三峡工程淹没及迁建区文物古迹保护规划报告》系列，国务院三峡建设委员会，1998年。

二、寻伟长足迹——重访钱伟长毕节扶贫路

2021年2月25日上午，在北京人民大会堂，中共中央总书记习近平向全世界庄严宣告："我国脱贫攻坚战取得了全面胜利，创造了又一个彪炳史册的人间奇迹！这是中国人民的伟大光荣，是中国共产党的伟大光荣，是中华民族的伟大光荣！"为迎接这一重要时刻，上海大学图书馆也正在筹备与之相关的主题展览。

脱贫攻坚的全面胜利，这份荣光来之不易，离不开各地区人民的自强不息、艰苦奋斗，离不开社会各界的协同发力、守望相助。我们的老校长钱伟长先生也曾对我国贫困地区的发展念念在心，并身体力行地投入扶贫事业的实践中，而这个令钱伟长牵挂的地方就是毕节。

毕节，位于贵州省西北部，乌蒙山腹地，西邻云南，北接四川，是一个多民族聚居、历史文化灿烂、资源富集的地方。但也由于复杂的地理环境，喀斯特地貌，生态环境脆弱，土地贫瘠，人口众多，曾是名副其实"苦甲天下"的硬骨头，正所谓"中国脱贫看贵州，贵州脱贫看毕节"。2020年10月，为收集钱伟长在毕节考察期间的资料，我们重访了钱伟长曾经到过的一些地方，也因此梳理了钱伟长与毕节的故事。

20世纪80年代，毕节是中国最贫困的地区之一。党中央对此高度重视，1988年，在经过深入调查研究的基础上，经国务院批准建立了毕节"开发扶贫、生态建设"试验区，由此开启了黔西北乌蒙山区改变千年闭塞落后面貌的伟大创举。时任全国政协

副主席钱伟长也因此与毕节结下了深厚情缘。钱伟长连续担任毕节试验区专家顾问组第一、第二、第三届组长和第四届总顾问。根据调研资料的整理，我们发现钱伟长曾五次赴毕节考察、指导工作，为试验区的发展规划提出重要建议，为毕节的产业发展、交通建设、教育事业、遗产保护等方面建言献策。

毕节的变化是中国脱贫攻坚的一个缩影。

如今的毕节已是旧貌换新颜。走在毕节市的街道上，可以感受到丰富多彩的市民生活。毕节城市里高楼耸立，广场周围的图书馆、博物馆、档案馆已成为重要的文化中心。虽是工作日，图书馆里也有很多安静读书的读者，大厅中有智能服务的机器人，墙上依然挂着1997年开馆典礼时钱伟长为其题的字："充分发挥图书馆功能为开发扶贫生态建设做贡献。"

追随着钱伟长的足迹，从毕节市来到大方县，虽然是盘山公路，但路途十分顺畅。当年钱伟长考察时，路况还不是很好，多为土路，需要颠簸半日才能到达。如今已是柏油公路和水泥公路，路程只需要一个多小时。盘山路上，放眼望去是漫山遍野的绿色，许多区域为了生态保护已封山育林。如今，生态得到了很大的改善，在政府的号召下，百姓们退耕还林或改种经济林，既可以提高经济收入又可以保护环境。

在大方县，我们走访了羊场镇理化中学，也就是钱伟长曾经牵头资助的毕节地区实验学校，学校办公室的钟华主任曾见证了钱伟长当时的捐助活动。如今的羊场镇理化中学包括初中部和高中部，学校刚刚新修建了塑胶操场、综合楼和宿舍楼，校园里书声琅琅，一批学生正从教学楼走出来……

与我们同去的杨晓艳老师是一名扶贫一线的工作者，曾在大方县负责扶贫异地搬迁的安置工作。路上，杨老师与我们讲述了许多扶贫工作的故事。我们也走访了大方县的扶贫安置点，这里曾是某企业对口帮扶的区域，如今住满了异地搬迁的人员，政府不仅为他们解决了住房问题，还对他们进行技能培训，确保脱贫以后不再返贫。同时，各企业对这里进行资源整合和旅游开发，每年将收益的一部分作为红利分给这里的百姓。

在与当地人的闲谈中，了解到当地普通百姓如今的生活状态，他们生活富足，温饱早已不是问题，教育得到高度重视，旅游休闲也正成为日常生活的一部分。从言语中我们能感受到那种由衷的对如今家乡的骄傲。

毕节政策研究室的孙卫义主任从试验区成立便在此工作，见证了毕节脱贫攻坚的整个过程。提到钱伟长，孙主任说："钱老当时已经八十多岁了，他还能亲自过来，毕节人民十分感激。印象比较深刻的是一次钱老来的时候不小心摔了跤，脸上还带着淤青，但仍然坚持考察，令人非常感动。"后来我们从保存的录像视频中也看到了坐在台上讲话的钱伟长，虽然面部有伤，但精神饱满，慷慨激昂。这就是因为心中的那份挂念吧，因为有了牵挂，所以充满力量！

2008年9月23日，在毕节"开发扶贫、生态建设"二十周年座谈会议上，为感谢专家顾问组为毕节地区发展做出的贡献，钱伟长和厉以宁等专家被授予了"毕节地区荣誉市民"。

本次调研更是一场身心的洗礼。重走在钱伟长曾经牵挂的地方，感受到他的高尚品格和无私奉献、一生忧虑无不为国为民的精神。"先天下之忧而忧，后天下之乐而乐"——他对中国特色社会主义事业充满信心，为中华民族的伟大复兴殚精竭虑、不懈奋斗，他用行动影响着后辈。展览展出的是关于钱伟长的扶贫事迹，更是他的爱国情怀。

（付丽、李柯）

三、纪念钱伟长诞辰 110 周年展览策划与价值挖掘

1. 展览选题的确定

2023 年是钱伟长诞辰 110 周年，上海大学图书馆准备策划一场展览以纪念这一重要的日子。于是，很早便开始研究展览的主题。为确定选题查阅了很多名人纪念类的展览作为参考，发现大多数展览主题是以人物的生平事迹为主，回顾人物的一生。但是生平事迹已有钱伟长纪念展作为常设展展出，因此再做生平展，重复且浪费，并且展览空间有限，不适合做大而全的展览。因此，从钱伟长生平事迹中的某一事件入手，确定小主题，而且这一主题在常设展中并没有深入讲述。经过再三思考，最终策展团队决定以钱伟长参与我国文化遗产保护的系列事件作为展览的主要方向。并且 2023年，第五届世界考古论坛将在上海大学召开，文化遗产保护的主题也与会议的主题有所关联，展览也将与学校整体的业务工作相融合。

2. 展品的征集与研究

展览的主题确定好之后，便开始了对相关资料收集和整理研究。初步梳理馆藏后发现，展览遇到了难题，当时与主题直接有关的藏品不足 10 件，这如何能撑起一个

主题展览呢？毕竟藏品是展览的基础和关键。但是当时主题已经上报，只能硬着头皮往下进行。首先，进行网络公开发表的相关资料的收集。这部分材料收集的结果也并不乐观，大篇的新闻报道内容，与展览主题有关的却只有只言片语。于是便根据这只言片语中的信息，进一步挖掘背后更多的内容。如报道中提到钱伟长曾到访过某文化遗产地或博物馆等，我们便联系相关单位，按照时间等线索，请求有关单位帮助查找与事件有关的信息。然而，大部分事件都发生在20世纪80或90年代，囿于当时的保存条件和人员的变动，很多信息并没有保存下来。但幸运的是也有一些单位帮助我们找到很多珍贵的资料，包括照片、题词、调研报告、视频影像等。除了电话和信函联络，我们也实地走访了一些钱伟长曾经去过的单位，如中国茶叶博物馆等，并收获了钱伟长到访时的珍贵照片。就这样，有关藏品和信息资料逐渐丰富起来。在此，要再次感谢有关单位和工作人员的帮助和支持，最终展出资料和藏品已有百余件。通过展览收集的资料也充实了我馆馆藏，所以展览也成为主题藏品或档案征集的缘由，也是丰富藏品档案的重要方法。

与资料收集同时进行的工作是展览框架的确定。大众所熟悉的钱伟长大多数是科学家、近代力学之父和教育家的角色。而本次展览的主题是文化遗产保护，这对于大众来说是一种全新的认识。其实挖掘资料不难发现，钱伟长之所以参与文化遗产保护事业，不仅是他作为全国政协副主席开展的必要工作，更是基于他深厚的文史修养和家学渊源。正因如此，他才能提出很多前瞻性的宝贵意见。于是，展览开篇便从钱伟长少年时代接受的文史熏陶和教育开始。他少年时代在苏州中学学习，苏州中学深厚的文化底蕴和苏州的人文风情都对他产生了重要的影响。他带领全国历史文化名城考察组在苏州考察古城时，不但提出很多宝贵的意见，而且充满了对苏州园林保护的深切关怀。展览的第二部分是钱伟长参与文化遗产保护的几个重要事件，按照主题和时间线进行叙述，分别是领导三峡库区文物调查与保护、历史文化名城保护调查、文物盗窃和走私调研以及前往各地与文物保护相关的足迹。第三单元为钱伟长潜心研究输入法，为了使汉字可以输入计算机，最终发明了"钱码"的有关内容，这对于保护和弘扬汉字文化具有重要的意义。文化遗产包含有形的文化遗产与无形的文化遗产，而汉字也是中华民族非常重要的文化遗产。因此，补充了与之相关的重要内容。

3. 人物形象的生动诠释

本次展览以小主题切入，深挖人物故事，呈现钱伟长不同的一面，反映了科学家的人文情怀和对祖国历史文化遗产的深切关怀。在全国政协提供的调研报告中，我们了解到钱伟长的高瞻远瞩，很多意见切中要害，在今天看起来都不过时，如钱伟长在三峡文物调查中提出要用法律手段处理文物保护过程中的矛盾和问题，在泉州历史文化名城保护调查中提出要重视"软件"的保护，也就是我们今天提出的非遗保护。作为科学家，却对文化遗产保护有着独到的见解，生动诠释了一个科学家的全面性。通过本次展览，也让钱伟长在大众视野中的人物形象变得更加丰满。

4. 展览的意义与价值挖掘

钱伟长图书馆作为爱国主义教育基地和科学家精神教育基地，对于爱国主义教育和弘扬科学家精神有着义不容辞的责任和义务。传播什么样的爱国主义精神和科学家精神以及怎样传播爱国主义精神和科学家精神，展览为此提供了路径和方法。将抽象的精神转化在具体的人和事上，体现在为保护祖国的文化遗产奔走万里调研，献出锦囊妙计；也体现在身体力行践行"祖国的需要就是我的专业"，花甲之年开始潜心钻研计算机输入法，发明"钱码"，只为打破"汉字落后论"。钱伟长作为科学家，有在科学领域的真知，更有人文方面的卓识。科学需要人文的滋养，这在今天青年学生的教育和培养中具有更加重要的意义。

在展览筹备的过程中，将分散在各处的历史资料重新汇聚在一起，也让策展团队的成员再次走进钱伟长的一生，并以全新的视角解读钱伟长。展览研究的过程，也是团队成员自我教育的过程，只有深刻地认识和了解，才能在弘扬和传播其精神中有话可说、有据可依，让每一个故事都有历史的来处。

（付丽）

四、拳拳赤子心　浓浓爱国情
——钱伟长专题展策展及设计实践手记

1. 展览源起

2021年，上海大学钱伟长图书馆举办了"心系乌蒙情牵千里——钱伟长与毕节试验区扶贫记忆展"；2023年，钱伟长图书馆又举办了"钱伟长与文化遗产保护——纪念钱伟长诞辰100周年专题展览"，此两项展览主要围绕钱伟长积极参与我国扶贫事业及推动文化遗产保护事业的相关手稿、文献及事迹，进一步向观众较完整地展示了钱伟长的赤子之心、爱国之情。在整理展览资料之时，发现电脑中还有2010年自己刚刚参加工作，第一次策划的展览"忆·思——纪念钱伟长诞辰99周年图片展"大量的图稿，策展的情景至今历历在目。如何通过展览的角度，在已有的文献及文案的基础上，通过"文化提炼"的方式，进一步立体不失内涵、朴素不失雅致地呈现钱伟长专题的展览，如何讲好关于钱伟长的故事，作为一名策展专业出身、特别是毕业证书上印有钱伟长老校长签名的青年学者，想从近年来的策展及设计实践角度出发，谈谈自己关于名人主题展览的思考，以此表达对钱伟长老校长无尽的敬意之情。

钱伟长，著名科学家、教育家和杰出社会活动家，中国民主同盟的卓越领导人，中国科学院资深院士，是中国近代力学奠基人之一。1983年，时任清华大学副校长的钱伟长出任上海工业大学校长。1994年，上海大学新合并组建时钱伟长担任校长，为上海大学的发展奠定了坚实的基础。钱伟长的一生，是爱国的一生、奋斗的一生、奉献的一生。通过举办钱伟长专题展览，进一步展示其爱国报国、服务人民，展示其为代表的老一辈科学家、教育家和社会活动家的崇高精神和爱国奉献。

2. 心系乌蒙　情牵千里——钱伟长与毕节试验区扶贫记忆展

第一，根据展览思路，制定视觉方案。经过多次讨论、梳理钱老相关手稿、文献之后，确立了本次展览呈现的视觉思路与定位，并确定了时间进度和工作分工。与此同时，大家就策划并呈现一个有时代温度兼具教育价值和爱国情怀的钱伟长扶贫专题展达成共识。

第二，依据文案，呈现展览视觉框架。确定了展览时间进度之后，展览文案的撰写变成最为紧迫的事情。根据钱伟长不同时期的手稿、文献资料，从中找到线索，理清脉络，激发文案思路。名人专题展一般分为三种模式：一是按照时间分期，呈现其早中晚各时期不同主题的变化；二是按照题材或学科分类，展现名人在不同方面的学术功力或社会贡献；三是按照主题划分，突出名人境遇和身份的转变对其研究的影响。由于现存的钱老珍贵手稿、图书等文献资料中，围绕教育思路、学术主题、爱国主题等较多，而如何聚焦"钱伟长扶贫"这一主题，进行视觉传达的深度挖掘，颇具挑战性。经过多次的讨论、修改，展览视觉框架确定并完成。

第三，展览视觉传达的定位。随着展览工作的推进，进入展览视觉设计部分，设计之初，最重要的是确定主色调，如何有深度内涵的定位主色调，我与小组成员反复修改调整，最终确定将"伟长红"作为本次展览的主色调（何为"伟长红"？这其中有段有趣的故事：钱老晚年最爱穿一件红色夹克，每当上海大学举办开学典礼或其他重大活动的时候，一定会穿着这件红色夹克，上大人亲切的称之为"伟长红"）。随后，需要进行一系列的视觉传达设计，其中包括设计海报、展陈设计、空间设计及文字排版设计等工作。

第四，海报设计。经过慎重思考，如何在海报中体现钱老扶贫的爱国之举，最终选择了中国传统的吉祥图案作为封面元素配以勾勒的上海大学校园风景的线描，以新中式的风格，透视角度的拉伸空间感，配以苍劲有力的书法字体，内涵式地体现本次展览的主题，最终完成海报设计。

第五，空间设计。展览地点位于钱伟长图书馆的书香谷，此空间属于不规则区域，类似于有边缘曲线的三角形。四周环绕图书，如何在不影响原始环境、经费有限的情况下，举办一场有温度的展览，需要更多的创意设计。最终设计完成了以钢架设计＋组合式展板的展陈方式，以小组交叉的组合排列进行展示（此举可解决场地不规则的问题），在 2.3 米的外径钢架下，设计成高 1.8 米、宽 1.6 米的横向空间展示设计，通过这种通透的设计方式，形成与周围环境的遥相呼应之感。

海报设计

展览现场

第六，展板设计。本次展览最重要的是如何在完整呈现展览大纲的同时，兼具艺术观赏性。所以，除了展览空间的设计之外，展览动线、文字排版设计同等重要。动线设计根据实际入口处的情况，选择由右往左侧的设计，于是版面也不同于一般，选择从右往左的设计。

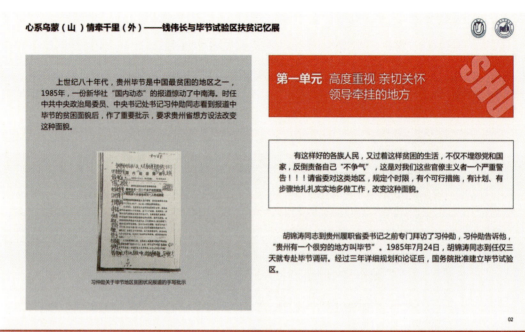

展板设计

第七,多媒体立体展示。在本次展览入口处,特别设立多媒体展示空间。为此,成立多媒体小组,从脚本撰写、文献梳理、图文编辑到视频剪辑,最终完成本次展览专题的音视频多方位展示环节。

多媒体立体展示

第八，展览互动设计。以上工作完成后，考虑到观众的互动性，特意为本次展览设计了打卡拍照手举牌，以此增强展览的互动性，此项环节也吸引不少青年学子手持爱国牌拍照留念。

展览互动设计

第九，小结。从 2020 年 10 月开始筹备，到 2021 年 3 月 10 日开始布展，直至 3 月 21 日展览开幕，在近半年的时间里，小组成员"一丝不苟""夜以继日"，小到展架摆放的节奏，大到展厅的参观动线、开幕式议程的撰写、会场的记者接待，无不尽心竭力，力求完美。另外，还有很多同事是为展览默默付出的幕后英雄，他们在布展监理、展架运输、设备保障、展期监管、新闻宣传等各方面提供了专业支持，正是无数细致工作的累加，才能完成最终呈现在观众面前的"心系乌蒙情牵千里——钱伟长与毕节试验区扶贫记忆展"。值得一提的是，本次展览在赢得观众喜爱的同时，也获得东方台看看新闻的新闻报道。

东方台看看新闻的报道

3. 钱伟长与文化遗产保护——纪念钱伟长诞辰 110 周年专题展

作为 2023 年度上海大学纪念钱伟长诞辰 110 周年系列活动之一，本次展览意义深远，我亦十分有幸参与。

围绕"钱伟长与文化遗产保护"这一主题，同样是十分新颖的一个视角，经过团队的反复修改与深度构思，最终完成近 2 万多文字的文本大纲。接下来由我负责展示设计。由于本次展览的特殊性：图片大部分是历史资料，较为模糊，均无法用到展览中；文字部分内容颇为详尽，靠个人无法完成。于是，特别邀请美术学院梁海燕老师及其研究生团队，成立设计小组，共同完成本次展览。

展览不同于文案，如何将文案的图文以展览立体空间的形式呈现出来，如何从视觉上为本次主题提炼出富有特色的视觉语言，如何深度挖掘老校长钱伟长人物专题的展览，是一件非常困难的事。为此，我们小组展开丰富的讨论及创新实践。

第一，空间设计。展览地点位于上海大学图书馆五楼展厅，此区域面积大约 700 平方米，层高较高（约占 4 层楼空间），在如此之高的空间，展出钱伟长与文化遗产的展览，需要特别的空间设计。最终确定，由左右两边墙面作为展示主体墙，中间设计主题海报 + 实物展示柜 + 多媒体展示区 + 打卡留言区，完成空间布局的设计。

第二，主色调、海报、展板设计思路。本次展览主题是围绕钱伟长与文化遗产，主要分为五单元：前言、第一单元"文保之识根植人文修养"、第二单元"身体力行致力文保事业"、第三单元"保护和弘扬汉字文化"和结语。经过反复实地考察与阅读文本，形成以祖国大好河山 + 钱老参观文物时的一张照片为主要元素进行设计，以中国传统色系黄绿色作为主色调，配以打开的画卷为文化遗产元素的体现，最终设计了主基调及海报，意在通过传统大气的风格设计，进一步体现钱老心怀天下、爱国爱民之情。

第三，展板设计。由于文案图文实为详尽，如何在高 4 米、长 17 米的两面墙上展示出来，确实需要花费心思。最终设计了以竖版的画轴作为一个个单位，从整体性上展现出一幅幅画卷之感，配以一张张专业优化处理的高清图片，最终完成了两面长 17 米、高 2.6 米的艺术展示墙。

第四，展览互动。本次展览空间较大，设计了多维度展览互动方式：实物展示区、多媒体播放区、打卡留言墙。实物展示区，精心挑选了钱老关于文化遗产相关的著作、调查报告、照片等。其中，特别展出由学校档案馆提供的"钱码"相关的珍贵文献以及钱老撰写的关于长江三峡工程文物保护的报告实物，有趣的是，围绕三峡文物保护的主题，展出了在不同时空下现任图书馆馆长潘守永撰写的《关于长江三峡工程淹没

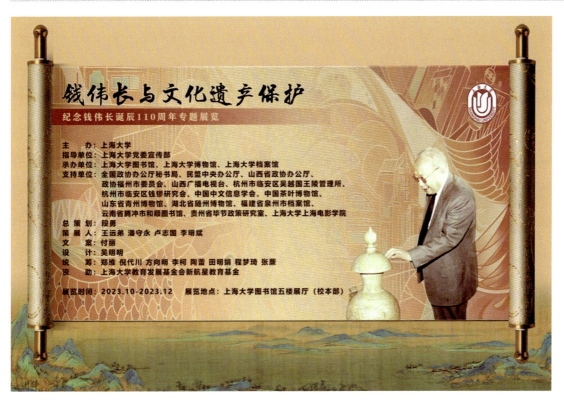

海报设计

展板设计

及迁建区民族民俗文物保护规划报告》。多媒体播放区，放置在展览入口处，循环播放着特别为本次展览精心剪辑的宣传纪录片。在主背景桁架背景墙的两旁，设计了留言打卡墙空间，从展览开幕到展览结束，这两面高3米、宽6米的留言墙上写满了参观者的留言。

第五，展览效果。从展览开幕到最终结束，近半年的展出时间，累计接待校内外参观团队逾30余次，累计参观人数逾5000人次，校内外也多次给予了报道。赢得了广泛赞誉。

上海大学党委书记成旦红,上海大学党委副书记、纪委书记段勇参观展览

4. 结语

钱伟长是上大人心中"永远的校长","我没有专业,祖国的需要就是我的专业"的爱国箴言是一代代上大学子的内在遵循,"先天下之忧而忧,后天下之乐而乐"的殷殷嘱托更是每位上大人的价值追求。回顾钱伟长的一生,是大写的人生。我们谨以专题展览的形式、以自己学术的角度,深度挖掘钱伟长的赤子之心、爱国之情,致敬钱伟长为党和人民不懈奋斗的爱国精神、崇高品质和大师风范。大任于斯,伟业流长,拳拳赤子心,浓浓爱国情,最好的缅怀是传承,最高的致敬是奋进。

(吴明明)